Hans-Peter Schmitz · Quantz heute

Hans-Peter Schmitz

Quantz heute

Der „Versuch einer Anweisung die Flöte traversiere zu spielen"
als Lehrbuch für unser Musizieren

Bärenreiter Kassel · Basel · London · New York

CIP-Kurztitelaufnahme der Deutschen Bibliothek

Schmitz, Hans-Peter:
Quantz heute: d. „Versuch einer Anweisung die Flöte
traversiere zu spielen" als Lehrbuch für unser Musizie-
ren / Hans-Peter Schmitz. – 1. Aufl. – Kassel; Basel;
London; New York: Bärenreiter, 1987.
ISBN 3-7618-0812-7
NE: Quantz, Johann Joachim: Versuch einer
Anweisung die Flöte traversiere zu spielen

1. Auflage 1987
© 1987 Bärenreiter-Verlag GmbH & Co. KG, Kassel
Umschlaggestaltung: Michael Rechl, Wanfried-Aue,
unter Verwendung des Anfangs von Tab. IV
aus Johann Joachim Quantz, Versuch einer Anweisung
die Flöte traversiere zu spielen,
Faksimile-Ausgabe Kassel usw. 1983.
Satz: Druckerei und Verlag Gutenberg, Melsungen
Druck und buchbinderische Verarbeitung: Werbedruck GmbH, Spangenberg

Printed in Germany: ISBN 3-7618-0812-7

Inhalt

Vorwort

Johann Joachim Quantzens 1752 in Berlin erschienenes Schulwerk[1] ist keineswegs nur eine „Anweisung" für das Musizieren von Werken der Bach-Händel-Telemann-Epoche auf den damaligen Flöteninstrumenten.

Die Bedeutung dieses größten Musiklehrbuchs aus dem Zeitalter des Spätbarock geht weit darüber hinaus: Zum einen verlieren verschiedene hier niedergelegte aufführungspraktische Regeln teilweise erst im Laufe des 19. Jahrhunderts ihre Gültigkeit und sind durchaus nicht nur auf das Flötenspiel begrenzt.

Zum anderen bewahren einzelne Anweisungen ihre Wirksamkeit auch noch heute im tonalen Bereich wie überdies für jedes Singen und Spielen überhaupt.

Und schließlich beziehen sich so manche Bemerkungen von Quantz auf Verhaltensweisen im allgemein-menschlichen Bereich, wie wir sie zu jeder Zeit und überall nicht nur bei Flötisten, sondern bei allen Instrumentalisten und Sängern antreffen können.

Daher erscheint es wünschenswert, die Quantz-Schule einmal daraufhin näher zu untersuchen, was sie uns heute noch zu sagen hat, wenn wir auf unseren modernen Blas-, Streich- und Tasteninstrumenten oder auch als Sänger ganz allgemein Musik machen oder uns im besonderen mit Werken des 18. und 19. Jahrhunderts beschäftigen.

Und so, wie Quantz selbst immer wieder auf den Gesang und auf das Spiel der anderen Instrumente hinweist, so habe auch ich in diese Untersuchung die entsprechenden im selben Jahrzehnt veröffentlichten Schulwerke mit einbezogen, denen zweifellos sein „Versuch" als Anregung wie auch als Vorbild gedient hat: Carl Philipp Emanuel Bachs „Versuch über die wahre Art das Klavier zu spielen"[2], Leopold Mozarts „Versuch einer gründlichen Violinschule"[3] und Johann Friedrich Agricolas „Anleitung zur Singkunst"[4].

Darüber hinaus ergaben sich aus verschiedenen anderen Werken noch weitere Hinweise, die dazu beitragen, das Bild der damaligen Aufführungspraxis zu vervollständigen und noch anschaulicher zu zeichnen: hier sind es einmal die von Quantz selbst für seinen königlichen Schüler, Friedrich II. von Preußen, geschriebenen und kommentierten „Solfeggi"[5], sowie die Flötenschulen von Johann Georg Tromlitz[6], der sich am Ende des 18. Jahrhunderts mit Quantzens „Versuch" kritisch auseinandersetzte.

Und schließlich durften auch entsprechende Beiträge des älteren Zeitgenossen Johann Mattheson und des jüngeren Père Engramelle nicht fehlen.

Ich wende mich hier also nicht nur an Flötisten, sondern an alle Instrumentalisten und Sänger, die sich als Liebhaber, als Musikstudenten oder als Berufsmusiker mit der Musik des Spätbarock, der Vorklassik und der Klassik vertraut machen wollen. Um nun die große stilistische und räumliche wie zeitliche Gültigkeitsbreite des „Versuchs" zu veranschaulichen, berichte ich zunächst einmal über das Leben seines Autors[7].

Johann Joachim Quantz wurde 1697 in Mitteldeutschland geboren, also 12 Jahre nach Bach und Händel. Er starb 1773, also zu einer Zeit, als Haydn bereits 41 und Mozart 17 Jahre alt waren.

Bevor Quantz sich endgültig der Flöte als seinem späteren Hauptinstrument zuwandte, hatte er sich schon als Geiger, Oboist und Trompeter ausgezeichnet. Außerdem beherrschte er auch das Spiel auf den meisten anderen Instrumenten. Überdies kannte er sich ebenfalls mit der Gesangsstimme und ihren Problemen gut aus. Er hatte sich eingehend mit dem Komponieren beschäftigt und hinterließ an die 500 Werke, vor allem Flötensonaten, -duette, -trios und -konzerte.

Schließlich betätigte er sich auch als einfallsreicher Flötenbauer, und eine seiner Erfindungen – der „Aus- und Einschiebekopf" – hat sich beim älteren Instrumententyp teilweise noch bis zum Anfang unseres Jahrhunderts erhalten.

Nach seinen in Mitteldeutschland verlebten Lehrjahren kam er nach Dresden, wo er 25 Jahre seines Lebens zubrachte und wo er entscheidende Eindrücke für seine künstlerische Entwicklung gewann: das Orchester der sächsischen Hofkapelle mit dem Franzosen Pierre Gabriél Buffardin als Soloflötisten, der ihn auch unterrichtet hat, war dem französischen Stil verpflichtet, während in der Hofoper im italienischen Stil gesungen und gespielt wurde.

Diese vielfältigen Eindrücke konnte Quantz während einer dreijährigen Reise nach Italien, Frankreich und England noch vertiefen. In dieser Zeit mag sich auch seine Idealvorstellung von dem von ihm so benannten „vermischten Geschmack", eine Verbindung des französischen und italienischen Stils mit dem deutschen Stil, entwickelt haben.

1741 berief ihn der preußische König Friedrich II. unter sehr günstigen Bedingungen an seinen Hof. Und hier in Potsdam lebte und wirkte Quantz bis zu seinem Tode als Lehrer Friedrichs des Großen, für den er den Hauptteil seiner Kompositionen schrieb und für den er auch Instrumente baute.

Über den Menschen Johann Joachim Quantz wissen wir nicht viel; desto wünschenswerter erscheint es mir, hier über das Wenige zu berichten, das uns über seine Lebensumstände überliefert ist.

So wird auch von gelegentlichen ernsthaften Spannungen zwischen ihm und dem Großen Friedrich gesprochen, die zeigen, daß er durchaus nicht nur „dessen alleruntertänigster, gehorsamster Knecht" gewesen ist, als den er sich selbst auf der Widmungsseite des „Versuchs" bezeichnet hatte.

Vielmehr wird von einer Scherzfrage berichtet, die wohl damals im ganzen Lande umherlief: „Wer regiert das Königreich Preußen?" Die Antwort lautete: „Das Schoßhündchen der Madame Quantz, denn es beherrscht seine Herrin, diese ihren Mann und Quantz schließlich den König." Aufschlußreich ist der Bericht darüber[8], wie es zu dieser Heirat gekommen war:

„Die Madame Schindlerin in Dresden, mit deren Ehegatten der Herr Quantz die genaueste Freundschaft unterhalten hatte, ward Witwe, erlaubte aber dem Herrn Quantz, sie nach wie vor zu besuchen. Sie gerieten nach und nach in einen vertraulicheren Umgang als vorher. Da Madame Schindlerin von sehr lebhaftem Temperament, der Herr Quantz ein wohlgemachter Mann, der außerdem als einer der vortrefflichsten Virtuosen seiner Zeit, überall hochgeschätzt war, und in Ansehung der Exekution mit dem berühmten Blavet und dem unvergleichlichen Buffardin um den Rang stritt, in Ansehung der Komposition aber sie beide übertraf. Als der Herr Quantz eines Tages bei seiner geliebten Schindlerin war, so fing sie an, über einen Anfall von grausamen Kopfschmerzen und Seitenstichen zu klagen, legte sich zu Bett und ließ Arzt und Priester kommen. Da der erstere ihren Zustand für sehr bedenklich hielt, so war der andere, ein katholischer Priester, der Meinung, daß man nicht säumen müßte, die Leidende mit den Sakramenten der Kirche zu versehen. Der Herr Quantz brach am Bette seiner Freundin in die bittersten Tränen aus, und diese redete nur schluchzend mit gebrochenen Worten und konnte nichts weiter herausbringen, als wie sie wünschte, den Namen einer rechtmäßigen Frau von Herrn Quantz mit sich ins Grab zu nehmen. Quantz war zur Bewirkung dieses Verlangens mit Leib und Seele bereit, worauf sich der Geistliche nach Hofe verfügte, um die Erlaubnis zu erhalten, bei bewandten Umständen den Herrn Quantz und die Madame Schindlerin ohne weitere Zeremonien sofort zusammen zu geben. Die Erlaubnis war in Zeit von einer Stunde da, der Trauungsakt ging vor sich; die Kranke aber – die vermeinte Kranke sprang mit einem Satz aus dem Bett heraus, fiel dem Herrn Quantz mit einem grausamen Lachen herzend und küssend um den Hals; und der Herr Quantz – der stand wie versteinert da und wußte nicht, wie er so geschwind, im Zeitraum von zwei Stunden, zu einer Frau gekommen war."

Friedrichs des Großen Schwester Wilhelmine, Markgräfin von Bayreuth, schrieb dem Bruder bald darauf: Quantz „soll sanft wie ein Lamm sein, seit er eine böse Frau hat."[9] Und es ist bekannt, daß diese Ehe – wie wohl auch die von Josef Haydn – nicht eine der glücklichsten gewesen ist.

Ob wir heute nicht aber allen Grund dazu haben, dem Schicksal dafür dankbar zu sein, daß Quantz unter diesen besonderen Umständen alle seine Kräfte auf seine Tätigkeit als Flötist, Komponist, Lehrer, Instrumentenbauer und nicht zuletzt auch als Verfasser des „Versuchs" konzentrierte?

Denn hier in Potsdam hat er auch sein großes Schulwerk geschrieben und es seinem König gewidmet. Der „Versuch" war in seiner Zeit ein derartig großer Erfolg, daß er bald wieder von neuem aufgelegt werden mußte.

Außerdem erschien noch im selben Jahr eine französische Übersetzung, der sich später verschiedene Teilübertragungen ins Holländische, Englische und Italienische anschlossen.

Der damalige Erfolg des Buches spiegelt die allgemeine Situation auf dem Flötengebiet wider: die große Menge der Flötenliebhaber hatte, wie ebenfalls die Flötisten, auf ein solches Werk schon lange gewartet. Denn bis dahin gab es als Flötenschule nur die kurz gefaßten Anweisungen des Franzosen Jacques(-Martin) Hotteterre le Romain[10] und ihre deutschen Nachahmungen.

Andererseits erhielt Quantz durchaus nicht nur begeisterte Zustimmung, sondern wurde in verschiedenen Punkten auch heftig angegriffen. Derartige kritische Stimmen verdeutlichen nur die pluralistische Grundeinstellung der damaligen Zeit in der Wiedergabepraxis. Dementsprechend herrschte auf künstlerischem Gebiet auch eine sehr viel größere individuelle Freiheit der Interpreten als in späteren Zeiten.

Ein besonders anschauliches Beispiel hierfür bietet der Vergleich der Quantz-Schule mit der bereits erwähnten Klavierschule von Carl Philipp Emanuel Bach. Die beiden Werke unterscheiden sich bezüglich so mancher Regel durchaus voneinander, obwohl das Schulwerk von C. P. E. Bach ebenfalls in Berlin und nur ein Jahr später als Quantzens „Versuch" erschien und obwohl beide Verfasser 25 Jahre lang am Hofe Friedrichs des Großen gemeinsam tätig waren.

Der zweitälteste Sohn Johann Sebastian Bachs distanzierte sich hier in aller Deutlichkeit (wenn auch natürlich ohne Namensnennung) von verschiedenen „Anweisungen" seines Flötenkollegen.

Über ihrer beider Verhältnis am Hofe kann man heute nur Vermutungen anstellen. Quantz stand dem König zweifellos menschlich wie auch stilistisch sehr viel näher als der ihm an Bedeutung als Komponist weitaus überlegene Hofcembalist. Er selbst ist nicht immer konsequent in der Anwendung seiner eigenen Regeln, wie neben dem „Versuch" auch die oben genannten „Solfeggi" zeigen. Dazu kommt noch, daß er aufführungspraktisch in erster Linie durch den französischen Stil geprägt worden ist, dessen Regeln aber durchaus nicht ohne Weiteres auf alle Kompositionen der damaligen Zeit angewandt werden können.

Trotz dieser gewissen Einschränkung ist die Quantz-Schule, die ja auch im wahrsten Sinne des Wortes nur ein „Versuch" sein will, für uns die wichtigste Quelle für die heutige Wiedergabe von spätbarocker Instrumental- und Vokalmusik, sofern wir Quantzens Anweisungen mit entsprechenden Regeln der anderen, oben erwähnten Schulwerke vergleichen und abstimmen und sofern wir darüber hinaus auch bereit sind, sie gegebenenfalls entsprechend unserem heutigen allgemeinen und nicht zuletzt auch entsprechend unserem individuellen Geschmack abzuwandeln.

Ich beginne nun in der auch von Quantz gewählten Reihenfolge mit der Untersuchung derjenigen Anweisungen und Gedanken, die mir für uns heute als besonders bedeutsam erscheinen.

Hierbei mußte ich verständlicherweise eine Auswahl treffen, die sich der eine oder andere Leser vielleicht etwas anders gewünscht hätte. In solchen Fällen kann ich die Interessenten nur auf die Benutzung des vollständigen Originals verweisen.

Ich gehe bei meiner Untersuchung folgendermaßen vor: zunächst einmal zitiere ich den Quantz-Text wörtlich, wobei ich diesen wie auch die anderen zeitgenössischen Zitate der jetzt üblichen Schreibweise angleiche. Dann erläutere ich den Text im Sinne der damaligen Zeit und kommentiere ihn bezüglich seiner heutigen Anwendung.

Ich möchte auch noch darauf hinweisen, daß sich Wiederholungen einzelner wichtiger Punkte nicht immer werden vermeiden lassen – auch Quantz hat sich im „Versuch" nicht anders verhalten.

Einleitung

Von den Eigenschaften, die von einem, der sich der Musik widmen will, erfordert werden

1. §.

Ehe ich noch meine Anweisung die Flöte zu spielen und bei dieser Gelegenheit zugleich ein guter Musikus zu werden, anfange, finde ich für nötig, denen, die die Musik zu studieren und durch dieselbe nützliche Mitglieder des gemeinen Wesens zu werden gedenken, zu Gefallen, eine Anleitung zu geben, nach welcher sie sich untersuchen können, ob sie auch mit allen, einem rechtschaffenen Musikus nötigen Eigenschaften begabt sind: damit sie sich in der Wahl dieser Lebensart nicht irren und – wenn dieselbe übel getroffen worden – Schaden und Schande zu befürchten haben mögen.

Die von Quantz hier angeschnittenen Fragen nach der Wahl des Berufs, den Eignungsmerkmalen und der Ausbildung, sind angesichts der heutigen Berufssituation mindestens noch von gleicher Bedeutung für junge Musiker wie zu Quantzens Lebzeiten.

4. §.

Das erste, was zu einem, der ein guter Musikus werden will erfordert wird, ist: ein besonders gutes Talent oder Naturgaben.

Als wichtigste Voraussetzung nennt Quantz eine entsprechende Veranlagung, also die Begabung für diesen Beruf. Dieser Begriff ist heutzutage teilweise auch deswegen umstritten, weil sich eine solche Anlage bis zu einem gewissen Grade der naturwissenschaftlichen Meßbarkeit entzieht. Das aber ändert nichts an ihrer ausschlaggebenden Bedeutung.
Als weitere Voraussetzungen für Flötisten, Sänger und Streicher fordert Quantz:

Wer sich auf ein Instrument legen will, muß . . . auch nach eines jeden Instruments Eigenschaft noch mit unterschiedenen Leibesgaben ausgerüstet sein. Zum Exempel: ein Blasinstrument und insonderheit die Flöte erfordert einen vollkommen gesunden Körper, eine offene starke Brust, einen langen Atem, gleiche Zähne, die weder zu lang noch zu kurz sind, nicht aufgeworfene und dicke, sondern dünne, glatte und feine Lippen, die weder zu viel noch zu wenig Fleisch haben und den Mund ohne Zwang zuschließen können, eine geläufige und geschickte Zunge, wohlgestaltete Finger, die weder zu lang noch zu kurz, noch zu dickfleischig, noch zu spitzig, sondern die mit starken Nerven versehen sind, und eine offene Nase, um den Atem sowohl leicht zu schöpfen, als von sich zu geben. Ein Sänger muß mit dem Blasinstrumentisten die starke Brust, den langen Atem und die fertige Zunge, ein Saiten- und Bogeninstrumentist aber die geschickten Finger und starken Nerven gemein haben; der erstere muß über dieses noch mit einer schönen Stimme, der letztere aber mit geläufigen Gelenken der Hände und Arme begabt sein.

Hier schildert Quantz am Beispiel des „Blasinstrumentisten" als positive Eignungsmerkmale alle diejenigen körperlichen Verhältnisse wie Form und Größe der Zähne, der Lippen, der Zunge und der Finger, die nicht allzu sehr von der Norm, also damit auch von dem abweichen, was gut, was natürlich aussieht.
Doch lehrt die Erfahrung, daß es bei einzelnen Instrumentalisten manchmal gerade sogenannte negative Eignungsmerkmale sind, die bei sonst außergewöhnlicher Begabung zu besonders guten Leistungen führen können.

8. §.

Wer in der Musik vortrefflich werden will, muß ferner eine unermüdete, unaufhörliche Lust, Liebe und Begierde, weder Fleiß noch Mühe zu ersparen und alle bei dieser Lebensart vorkommenden Beschwerlichkeiten standhaft zu ertragen, bei sich empfinden. Die Musik gibt selten solche Vorteile, als andere Wissenschaften geben: und sollte es auch noch einigen dabei glücken, so ist doch solches Glück mehrenteils der Unbeständigkeit unterworfen. Die Veränderung des Geschmacks, das Abnehmen der Kräfte des Leibes, die verfliegende Jugend . . . sind alle vermögend, das Wachstum der Musik zu verhindern.

Für Außenstehende erscheint der Beruf des Musikers oft als etwas besonders Schönes, ja Beneidenswertes: hier dürfen Menschen ständig etwas ausüben, und werden noch dafür bezahlt, was Musikliebhaber in ihrer freien Zeit allein zu ihrer Freude tun und dafür womöglich noch selbst bezahlen müssen. Quantz weist demgegenüber auf die mit diesem Beruf verbundenen „Beschwerlichkeiten" hin, die nicht selten auch heute zu seelisch-körperlichen Krisen führen können. Und schließlich betont er noch, daß auch bei diesem Berufsweg das Glück eine Rolle spielt – gerade hier ist es auch heute mit Begabung und Leistung allein nicht immer getan.

9. §.

Wer Talent und Lust zur Musik hat, muß um einen guten Meister in derselbem bekümmert sein.

So spielt schon bei der Wahl des Lehrers das eben erwähnte Glück mit hinein, denn es gelingt nur wirklich hochbegabten Schülern, sich aus einem jeden Lehrer das für sie Richtige herauszuholen – ja sogar aus einem solchen, der für weniger Begabte ein schlechter ist.

Scheint es nicht, als wenn die meisten der heutigen Flötenspieler zwar Finger und Zunge, aber keine Köpfe hätten?

Und in unseren Tagen – so möchte ich noch hinzufügen – fehlt es gelegentlich nicht nur an „Kopf", sondern gerade auch an „Herz", das heißt, an der Fähigkeit zu echter Empfindung, die ja überhaupt erst die Voraussetzung für ein musikalisch und künstlerisch überzeugendes Spiel ist. Die Anlage dazu kann aber durch einen guten Lehrer weiter ausgebildet werden.

Es ist unumgänglich nötig, daß derjenige, der auf diesem Instrument etwas Rechtschaffenes zu erlernen gedenkt, einen guten Meister habe; und ich verlange denselben auch bei einem, der sich dieser meiner Anweisung bedienen will, noch ausdrücklich.

Quantz hält es mit Recht für eine Notwendigkeit, daß auch der Schüler, der sich zum Selbstunterricht eine Schule besorgt hat, trotzdem Unterricht nimmt: allein schon deswegen, um sich ständig kontrollieren zu lassen. Denn es ist eine Tatsache, daß sich sonst Fehler einschleichen können, die man selbst nicht bemerkt und die sich später nur schwer ausmerzen lassen.

Es ist möglich, daß einer, der zwar gut spielt, doch schlecht zu informieren wisse. Ein anderer kann vielleicht besser informieren als selbst spielen. Nun ist ein Scholar nicht fähig einen Meister zu beurteilen, ob er gut oder schlecht unterrichtet; deswegen ist es ein Glück, wenn er zufälligerweise den besten erwählt.

Gerade im Gesangsfach kommt es häufig vor, daß die bekanntesten Sänger und Sängerinnen nicht immer die besten Lehrer abgeben, sondern im Gegenteil mittleren Begabungen manchmal sogar schaden können.

11. §.

Ob nun zwar, wie hier gezeigt worden, an einem guten Meister, der seine Lehrlinge gründlich unterweisen kann, sehr vieles liegt: so kommt doch fast noch mehr auf den Scholaren selbst an. Denn man hat Exempel, daß gute Meister oftmals schlechte Scholaren, schlechte Meister hingegen gute Scholaren gezogen haben. Man weiß, daß sich viele brave Tonkünstler bekannt gemacht, die eigentlich keinen anderen Meister gehabt haben als ihr großes Naturell und die Gelegenheit, viel Gutes zu hören, die aber durch Mühe, Fleiß, Begierde und ständiges Nachforschen weiter gekommen sind als manche, die von mehr als einem Meister unterrichtet wurden. Deswegen wird von einem Scholaren ferner: ein besonderer Fleiß und Aufmerksamkeit erfordert. Wem es hieran fehlt, dem ist zu raten, sich mit der Musik gar nicht zu beschäftigten, insofern er sein Glück dadurch zu machen gedenkt. Wer Faulheit, Müßiggang oder andere unnütze Dinge mehr als die Musik liebt, der hat sich keinen besonderen Fortgang zu versprechen. Viele, welche sich der Musik widmen, versehen es in diesem Stück. Sie verabscheuen die damit verknüpften Beschwerlichkeiten. Sie möchten wohl gern geschickt werden: den gehörigen Fleiß aber wollen sie nicht anwenden. Sie glauben, die Musik führe nichts als lauter Vergnügen mit sich, es sei nur ein Spielwerk, dieselbe zu erlernen und brauche weder Kräfte des Leibes noch der Seele; es gehöre weder Wissenschaft noch Erfahrung dazu: und komme nur bloß auf die Lust und ein gutes Naturell an. Es ist wahr, Naturell und Lust sind die ersten Gründe, auf welche eine gründliche Wissenschaft gebaut werden muß. Allein, um dieses Gebäude völlig aufzuführen, wird eine gründliche Anweisung und von Seiten des Lernenden viel Fleiß und Nachdenken unumgänglich erfordert.

Wie oft geschieht es doch, daß ein Schüler sich einen neuen Lehrer sucht, weil er seiner Meinung nach nicht gleich die Fortschritte macht, die er sich erhofft hat. Die Schuld daran pflegt er nicht sich selbst, sondern seinem Lehrer zu geben. Aus einem schlechten, einem unbegabten Schüler kann aber auch der beste Lehrer keinen guten machen, und der schlechteste Lehrer kann andererseits einen wirklich hochbegabten Schüler in seiner künstlerischen Entwicklung nicht auf Dauer ernsthaft behindern. Zu dem soeben erwähnten Problem eines Lehrerwechsels sagt Quantz noch folgendes:

Hat er, wie ich voraussetze, das Glück gehabt, einen guten Meister zu treffen, muß er denselben so lange zu erhalten suchen, als er eine Unterweisung nötig hat. Es ist nichts schädlicher, als wenn ein Scholar sich bald bei diesem, bald bei jenem Meister in die Unterweisung begibt. Denn wegen des verschiedenen Vortrags und der verschiedenen Art zu spielen, macht dieses bei einem Anfänger Verwirrung, indem derselbe sozusagen allezeit von Neuem wieder anfangen muß. Es sind zwar viele, die sich was Besonderes daraus machen, wenn sie von vielen großen Meistern gelernt zu haben sich rühmen können; allein man findet selten, daß sie auch zugleich von denselben vieles profitiert haben. Denn wer von einem Meister zum anderen läuft, dem gefällt es bei keinem, und er hat zu keinem ein Vertrauen: zu wem man aber kein Vertrauen hat, dessen Lehrsätze pflegt man nicht gern anzunehmen. Hat man aber einmal zu einem guten Meister ein rechtes Vertrauen gefaßt und läßt ihm die gehörige Zeit, seine Wissenschaft offenbar zu machen, so wird man, wenn man dabei die wahre Begierde hat, zu einer Vollkommenheit zu gelangen, von Zeit zu Zeit immer mehr Vorteile entdecken, die man vorher einzusehen nicht fähig gewesen, die aber zu weiterem Nachforschen Gelegenheit geben.

Selbstverständlich heißt das aber nicht, daß ein junger Musiker nach einem gewissen Abschluß seiner Ausbildung nicht doch noch zu einem anderen Lehrer gehen sollte. Im Gegenteil: manchmal mag er sich, über alle neuen Anregungen hinaus, bei diesem erst ganz klar darüber werden, was er bei seinem alten Meister gelernt hat. Folgende Beobachtung von Quantz kann man auch heute noch oft bestätigen:

14. §.

Ein großes Hindernis des Fleißes und weiteren Nachdenkens ist es, wenn man sich zu viel auf sein Talent verläßt. Die Erfahrung lehrt, daß man unter denjenigen, welche besonders gute Naturgaben besitzen, mehr Unwissende antrifft als unter denen, die ihrem mittelmäßigen Talent durch Fleiß und Nachdenken zu Hilfe gekommen sind. Manchem gereicht das besonders gute Naturell mehr zum Schaden als zum Vorteil.

Hierzu möchte ich zunächst einmal feststellen, daß gerade begabte Schüler manchmal nicht so fleißig sind wie weniger begabte. Sie meinen, sie hätten es auf Grund ihrer Begabung nicht nötig, viel zu üben. Bei Hochbegabten dagegen ist die Fähigkeit zum intensiven Arbeiten ein Bestandteil ihrer Begabung; sie gehört notwendigerweise dazu. In diese Richtung zielt auch die uns von Johann Sebastian Bach überlieferte Bemerkung, daß andere ebensoviel wie er erreicht haben würden, wenn sie nur ebenso viel gearbeitet hätten.

Aber darüber hinaus ist es mir an dieser Stelle ein Bedürfnis, einmal etwas Grundsätzliches zum Problem des Übens zu sagen, das ja im Leben eines jeden Musikers zeitlich wie auch kräftemäßig einen großen Raum einnimmt. Hierbei scheint es mir besonders wichtig zu sein, daß sich schon der Musikstudent darum bemüht, seinen eigenen Übestil zu entwickeln, wobei ihm der Lehrer helfen kann, sich dem Ziele zu nähern, mit einem Minimum an Kraft und Zeit ein Maximum an Fortschritt zu erreichen. Voraussetzung hierfür ist die richtige Grundeinstellung: Üben darf nicht als ein, leider nun einmal nicht zu vermeidendes, Übel empfunden werden. Dann kostet es erfahrungsgemäß sehr viel mehr Kraft und erweist sich überdies noch als sehr viel weniger effektiv, als wenn man mit einer gewissen Neugier und Erwartungsspannung, ja sogar mit ein wenig Freude an die jeweiligen Übungen herangeht. Entscheidend hierbei ist, ob einem gelingt, selbst eine Tonleiter- und Akkordübung oder eine entsprechende Etüde nicht nur präzis und sauber, sondern auch musikalisch zu spielen. In diesem Sinne sage man sich nicht: „Jetzt muß ich üben", sondern: „Jetzt darf ich spielen".

18. §.

Wer sich in der Musik hervorzutun wünscht, der muß die Erlernung derselben nicht zu spät anfangen. Wer sich in solchen Jahren dazu begibt, wenn die Gemütskräfte nicht mehr im Wachstum oder wenn der Hals oder die Finger nicht mehr biegsam sind und also keine rechte Fertigkeit erlangen können, weder die Triller und die feinen kleinen Auszierungen oder Propretäten noch die Passagen rund und deutlich zu machen: der wird nicht sonderlich weit kommen.

Nur in seltenen Fällen wird es jemand schaffen, ein besonders guter Musiker zu werden, wenn er später mit dem Erlernen eines Instrumentes angefangen hat, als er körperlich dazu in der Lage gewesen wäre. Dieser Zeitpunkt kann aber nicht eindeutig und allgemeingültig festgelegt werden, da er von verschiedenen Faktoren wie den individuellen Größenverhältnissen und von dem gewählten Instrument abhängt.

20. §.

Die Eigenliebe wohl zu ordnen und im Zaum zu halten, soll das Letzte sein, was ich einem, der in der Musik weiter zu kommen wünscht, anrate. Ist eine unmäßige und übel geordnete Eigenliebe überhaupt sehr schädlich, indem sie leichtlich den Verstand verdunkeln und an der wahren Erkenntnis hinderlich sein kann: so ist es gewiß auch bei der Musik; und zwar dieses umso viel mehr, je mehr sie sich bei dieser einzuschleichen pflegt. Sie findet bei der Musik mehr Nahrung als bei anderen

Professionen, bei welchem man sich nicht wie bei dieser mit einem bloßen Bravo abspeisen und aufgeblasen machen läßt. Wieviel Unordnungen hat sie nicht schon in der Musik angerichtet? Man gefällt sich anfangs meistenteils selbst mehr als anderen. Man ist schon zufrieden, wenn man nur etwa zur Not eine Stimme mitspielen kann. Man läßt sich durch das unzeitige und überflüssige Loben verblenden und nimmt es wohl gar für einen verdienten Lohn an. Man will durchaus keinen Widerspruch, keine Erinnerungen oder Verbesserungen leiden. Sollte jemand sich dergleichen etwa aus Not, wenn es geschehen muß, oder aus guter Meinung unterfangen: so hält man denjenigen, der so verwegen ist, augenblicklich für seinen Feind. Man schmeichelt sich oftmals bei einer sehr geringen Erkenntnis, doch sehr vieles zu wissen, und sucht sich wohl über solche zu erheben, von denen man noch lernen könnte.

Ja, was noch mehr ist, man verachtet wohl gar dieselben aus Eifersucht, Neid und Mißgunst.

Der große deutsche Dirigent Wilhelm Furtwängler hat einmal gesagt, daß alles reproduktive Musizieren den Charakter verderben könnte.

In demselben Sinne fordert Quantz, daß der Schüler neben seiner Entwicklung als Musiker auch die Entwicklung seiner charakterlichen Eigenschaften nicht vernachlässigen dürfe. Es ist eine ebenso eigentümliche wie alte Erfahrung, daß gerade Musiker oft zu recht fragwürdigen Verhaltensweisen neigen, die wohl auch in anderen Berufssparten anzutreffen sind, hier sich aber im allgemeinen nicht in solcher Deutlichkeit abzeichnen.

Schon im dritten nach-christlichen Jahrhundert bemerkte Diogenes Laertius, daß er sich sehr darüber wundere, wie gut die Musiker wohl ihre Saiten zu stimmen vermöchten, dabei aber oft so übel akkordierte Sitten hätten.

21. §.
Zum Beschluß muß ich noch einigen, die sich durch das Vorurteil, als ob das Blasen auf der Flöte der Brust oder Lunge schädlich sei, zur Nachricht sagen: daß solches nicht nur nicht schädlich, sondern vielmehr zuträglich und vorteilhaft sei. Die Brust wird dadurch mehr und mehr eröffnet und stärker gemacht . . . Es ist also daraus zu schließen, daß das Blasen auf der Flöte ebensowenig schade als das Reiten, Fechten, Tanzen und Laufen.

Diese Feststellung wird durch die Erfahrung verschiedener Bläser bestätigt, bei denen selbst Lungenerkrankungen nicht trotz, sondern gerade durch Spielen eines Blasinstruments geheilt werden konnten.

Das I. Hauptstück

Kurze Historie und Beschreibung der Flöte traversiere

Nach einer kurzen Entwicklungsgeschichte der Flöten, „so in die Quere vor den Mund gehalten werden", beschreibt Quantz das damals übliche Instrument mit dem tiefsten Ton „d", das noch bis nach 1800 verwendet wurde und auf dem also auch noch die Werke von Mozart gespielt worden sind. Es bestand aus vier Teilen – Kopf, Mittel- und Herzstück, Fuß – und hatte sechs Grifflöcher und eine Klappe für das „dis".

Quantzens Erfindung, neben dieser Klappe noch eine zweite für das „es" anzubringen, hat sich zu seinem Leidwesen nirgends durchsetzen können.

Im Gegensatz zum Tasteninstrumentalisten Carl Philipp Emanuel Bach war Quantz nämlich noch ein überzeugter Vertreter der ungleich schwebenden Stimmung, in der zwischen kleinen und großen Halbtönen unterschieden wurde.

Die Entwicklung von diesem Stimmungssystem zum wohl-temperierten, in dem alle Halbtöne gleich groß sind, gibt ein anschauliches Beispiel für die ganz allgemeine Tatsache, daß jeder Fortschritt in einer bestimmten Richtung mit einem entsprechenden Rückschritt in anderer bezahlt werden muß: im alten System stimmten einige Tonarten ganz besonders gut, andere dafür um so schlechter; und im neuen klingen alle auf gleiche Weise weder besonders rein noch besonders schlecht.

An dieser Stelle möchte ich ausdrücklich darauf hinweisen, daß ich mich in dieser Untersuchung nicht mit dem Spiel auf dem soeben beschriebenen alten Flötentyp, dem „Flauto traverso", beschäftige; es ist vielmehr meine Absicht, die hier gewonnenen Erkenntnisse für das Spiel auf den Instrumenten unserer Zeit nutzbar zu machen.

Das II. Hauptstück

Von Haltung der Flöte und Setzung der Finger

Quantz beschreibt im 1. Paragraphen, wie er die verschiedenen Finger bezeichnet: Zeigefinger, Mittelfinger und Ringfinger der linken Hand mit 1, 2 und 3, und dieselben Finger der rechten mit 4, 5 und 6; 7 und 8 beziehen sich auf deren kleinen Finger, der die im Ruhezustand geschlossenen Klappen für „dis" und „es" zu bedienen hat.

Zur Stellung des Kopfstücks heißt es:

2. §.
.. Das Kopfstück muß aus der geraden Linie um soviel nach dem Munde einwärts gedreht werden, als ungefähr der Durchschnitt des Mundlochs beträgt.

Hier zeigt sich zum ersten Mal, daß wir heute nicht alles als feste, unumstößliche Regel übernehmen können, was Quantz zu seiner Zeit gefordert hat. Das von ihm hier verlangte starke Nach-innen-drehen des Kopfstücks und damit des Mundlochs ist heutzutage nur in Sonderfällen (wie etwa bei fehlender Kinngrube) zu empfehlen. Sonst sollte man zunächst einmal das Kopfstück so einstellen, daß sich das Mundloch in einer geraden Linie mit den Tonlöchern (nicht aber mit den offenen Deckeln) befindet. Entscheidend für die Einstellung des Kopfstücks gegenüber dem Mittelstück ist vielmehr, daß beim Spielen die geschlossenen Deckel im großen und ganzen waagerecht liegen und weder nach vorn noch nach hinten gekippt erscheinen. Und nur für den Fall, daß es sich anders verhält, sollte man das Kopfstück dementsprechend etwas einwärts oder auswärts drehen.

3. §.
Den Daumen der linken Hand setze man dem mit 2 bezeichneten Finger fast gerade gegenüber und zwar die Spitze vom Daumen einwärts gebogen. Die Flöte lege man zwischen den Ballen und das zweite Glied des 1. Fingers so, daß wenn man den ersten Finger krumm auf die Flöte legt, derselbe das oberste Loch bequem bedecken könne. Auf diese Weise wird man die Flöte, wenn man sie an den Mund setzt, nicht allein mit dem 1. Finger und dem linken Daumen, welcher das Gegengewicht ausmacht, ohne Hilfe der anderen Finger oder der rechten Hand bequem an den Mund drücken und

fest halten, sondern auch mit einem jeden Finger der linken Hand ohne Zutun der rechten Triller schlagen können.

4. §.
Was die rechte Hand anlangt, so setze man den Daumen derselben krumm und auswärts gebogen mit der Spitze unter den 4. Finger. Die übrigen Finger aber, sowohl dieser als der linken Hand, setze man krumm eingebogen auf die Löcher, doch nicht mit den Spitzen: sonst würde man die Löcher nicht so zumachen können, daß keine Luft herausginge. Das Krummbeugen der Finger aber dient dazu, daß man dadurch mehr Kräfte hat, die Triller geschwind und egal zu schlagen.

Hierzu ist einmal zu sagen, daß bei der alten Flöte auch der linke Daumen – wie bei uns heute nur der rechte – ausschließlich eine Stützfunktion ausübt.
Entgegen Quantzens Meinung sollte man aber beide Daumen nicht „einwärts- oder auswärts biegen", sondern sie – wie in ihrer Normalhaltung – gerade belassen. Die übrigen Finger dagegen sind leicht gekrümmt – wie im Ruhezustand – aber auch nicht „krumm eingebogen", wie Quantz sagt – zu halten und zu bewegen. Und da auf unseren heutigen, gewichtsmäßig sehr viel schwereren Flöten der linke Daumen zwei Klappen zu bedienen hat, muß beim Halten des Instruments auch die rechte Hand mit einbezogen werden: Haltepunkte sind daher in erster Linie das Kinn, das untere Glied des linken Zeigefingers, der rechte Daumen, und in zweiter Linie erst diejenigen Finger, die jeweils, wie ja auch der linke Daumen, die Deckel und Klappen bedienen.

5. §.
Den Kopf muß man beständig gerade, doch ungezwungen in die Höhe halten, damit der Wind im Steigen nicht verhindert werde. Die Arme muß man ein wenig auswärts in die Höhe halten, doch den linken mehr als den rechten, und sie ja nicht an den Leib drücken, damit man nicht genötigt werde, den Kopf nach der rechten Seite zu, schief zu halten, als welches nicht allein eine schlechte Haltung des Leibes verursacht, sondern auch im Blasen selbst hinderlich ist: indem die Kehle dadurch zusammengedrückt wird, und das Atemholen nicht, wie es sein soll, mit einer Leichtigkeit geschehen kann.

Besonders wichtig ist hier zum einen die Forderung einer ungezwungenen, also einer in sich beweglichen Haltung, die gut und natürlich aussieht. Zum zweiten bedeutet es, daß der Kopf beim Spielen nicht gesenkt wird, wodurch ja die Schultern automatisch angehoben werden – zwei Fehler also in einem, mit üblen Auswirkungen auf Zungen-, Hals- und Kehlkopfmuskulatur.
Quantzens ausdrückliche Warnung davor, den Kopf „nach der rechten Seite zu schief zu halten", ist möglicherweise durch seine Kenntnis des Titelbildes der von ihm erwähnten Hotteterre-Schule ausgelöst worden, auf dem der Flötist – vermutlich der Autor selbst – seinen Kopf sehr stark nach rechts unten gesenkt hält.

6. §.
Die Flöte muß man allezeit fest an den Mund drücken ...

Diese Anweisung war sicherlich in einer Zeit berechtigt, in der die Menschen insgesamt viel lockerer und damit weitaus weniger verspannt waren als heute und wo vielleicht sogar im Gegenteil die Gefahr des zu Schlaffen, zu Spannungslosen bestand. In unserer modernen Welt dagegen neigen die Menschen im allgemeinen eher zu Verspannung und Verkrampfung, so daß wir heute im Gegensatz zu Quantz formulieren sollten: die Flöte ist allezeit so locker wie möglich an den Mund zu setzen.

7. §.

Die Finger muß man gerade über den Löchern halten und sie niemals weder zusammenziehen noch weiter auseinander dehnen: um keine unnötigen und weitläufigen Bewegungen damit zu machen ...

8. §.

Es ist auch nötig, auf die Finger sehr fleißig Achtung zu geben, damit man sich nicht gewöhne, dieselben in währendem Spielen hoch aufzuheben oder einen höher als den anderen zu erheben: weil es widrigenfalls unmöglich ist, die Passagen sehr geschwind, rund und deutlich vorzutragen, welches doch eines der vornehmsten Stücke im Spielen ist. Doch müssen die Finger auch nicht allzu nahe über die Löcher, sondern zum wenigsten um die Breite eines kleinen Fingers in die Höhe gehalten werden: damit die Helligkeit und Reinigkeit des Tones nicht verhindert werde.

Wenn man statt „Löcher" Deckel der Flöte sagt, gelten diese Regeln auch heute noch. Der letzte Satz ist besonders bei Ringklappeninstrumenten zu beachten.

Das III. Hauptstück

Von der Fingerordnung oder Applikation und der Tonleiter oder Skala auf der Flöte

Quantz erläutert hier seine Grifftabelle im Sinne der ungleich schwebenden Stimmung mit größtenteils unterschiedlichen Griffen für (in der temperierten Stimmung gleichhohe) Töne wie „gis" und „as", und zwar mit der Tendenz, die erniedrigten Töne etwas höher als die erhöhten zu intonieren.

Das IV. Hauptstück

Von dem Ansatz (Embouchure)

Hier möchte ich folgende Sätze wiederholen, die ich vor mehr als 45 Jahren in meiner Doktorarbeit niedergeschrieben hatte[11]:

In einer Flötenschule wird das Kapitel vom Ansatz immer im wahrsten Sinne des Wortes der „Versuch einer Anweisung" sein; hier kann es nur ganz wenige allgemeingültige Regeln geben, an eine genaue Vorschrift ist gar nicht zu denken. Schon die physiologischen Voraussetzungen der einzelnen Spieler sind so verschieden, daß es unmöglich erscheint, über ganz allgemein gehaltene Richtlinien hinauszugehen. Auch ist es leichter festzustellen, wie es nicht gemacht werden soll, als umgekehrt.

Daher halte ich es auch nicht für sinnvoll, sich hier mit allen Ansatzregeln von Quantz näher auseinanderzusetzen. Vielmehr möchte ich nur einige wesentliche Punkte herausgreifen, wie beispielsweise seine Idealvorstellung von einem schönen Flötenton:

3. §.

Überhaupt ist auf der Flöte der Ton (sonus) der allergefälligste, welcher mehr einem Kontraalt als Sopran oder denen Tönen, die man bei dem Menschen die Bruststimme nennt, ähnlich ist. Man muß sich, soviel als möglich ist, bemühen, den Ton derjenigen Flötenspieler zu erreichen, welche einen hellen, schneidenden, dicken, runden, männlichen, doch dabei angenehmen Ton aus der Flöte zu ziehen wissen.

Dieses Klangideal, das noch bis zum Ende des 18. Jahrhunderts gültig blieb, zeigt eine weitaus engere Verwandtschaft mit dem Ton unserer modernen Instrumente als mit demjenigen, den heutzutage so manche Flötisten erzeugen, die sich mit dem Versuch der Wiederbelebung des „Flauto traverso" beschäftigen.
Mit der Erwähnung dieser Problematik sind wir bei dem hierzu noch einen weiteren Gesichtspunkt hinzufügenden 5. Paragraphen angelangt (nachdem Quantz im 4. auf die Bedeutung eines guten Instruments hingewiesen hatte):

> Öfters aber liegt es dem ungeachtet mehr am Spieler als am Instrument. Wenn viele Personen, einer nach dem anderen, auf ebendemselben Instrument spielen, so wird man finden, daß ein jeder einen besonderen Ton, so sich von anderen unterscheidet, hervorbringt. Dieses aber rührt alsdann nicht von dem Instrument, sondern von dem, der es spielt, her. ... Solches zeigt sich nicht nur bei der Flöte allein, nicht nur bei allen Instrumenten, deren Ton durch den Ansatz und den Bogenstrich hervorgebracht wird, sondern auch sogar der Clavizymbal und die Laute sind davon nicht ausgeschlossen.

Das heißt aber: weitaus wichtiger als das jeweilige Instrument ist der Mensch, der darauf spielt, und der dadurch dessen Ton ganz entscheidend bestimmt.
Also: so viele Spieler – so viele verschiedene Klänge auf einem und demselben Instrument.

6. §.
Es wird ein jeder erfahren, daß man den Ansatz auf der Flöte nicht allezeit überein und gleich gut hat, sondern daß der Ton immer einmal heller und angenehmer ist als das andere Mal. Bisweilen ändert sich der Ton in währendem Spielen, wenn die Schärfe des Randes von dem Mundloch auf der Lippe einen tieferen Eindruck gemacht hat; bisweilen ändert er sich nicht. Dieses rührt von der Beschaffenheit der Lippen her. Die Witterung, gewisse Speisen und Getränke, eine innerliche Hitze und andere Zufälle mehr können sehr leicht die Lippen auf eine Zeitlang verderben, daß sie entweder zu hart oder zu weich oder auch aufgeschwollen sind. Bei diesen Umständen ist weiter nichts als die Geduld und Vermeidung derer Dinge, so hierinne schädlich sein können, anzuraten.

Diese besonderen Schwierigkeiten hängen auch damit zusammen, daß bei der Flöte keinerlei Materie wie Saiten, Rohrblätter, Lippen (Blechbläser), sondern einzig und allein der Atem schwingt und daß der Flötist durch das An-den-Mund-setzen des Instruments keinen ähnlich festen Halt hat wie die anderen Instrumentalisten. Aus diesem Grunde kann es auch durchaus einmal vorkommen, daß ein Flötist an einem Tage einen besonders schönen Ton, am anderen dagegen einen weniger guten hat.

7. §.
Man kann also hieraus abnehmen, daß es keine leichte Sache sei, vom Ansatz gewisse und bestimmte Regeln zu geben. Mancher bekommt solchen durch eine natürliche Fähigkeit ganz leicht, mancher mit vieler Mühe, mancher fast gar nicht. Auf die natürliche Beschaffenheit und das Gewächs der Lippen und Zähne kommt hierbei viel an. Wenn die Lippen sehr dick, die Zähne aber kurz und ungleich sind, so verursacht solches viel Schwierigkeit. Dem ungeachtet will ich mich bemühen, davon so viel zu sagen, als möglich ist.

Mit den hier nun folgenden Anweisungen werde ich mich in Anbetracht der bereits erwähnten grundsätzlichen Schwierigkeit nur so weit befassen, wie es mir für unser

heutiges Flötenspiel als nötig erscheint; einmal soll mein Kommentar kein Anfangs-
unterricht sein, und zweitens wissen wir, daß Quantz selbst wie auch sein könig-
licher Schüler über einen auffallend nebengeräuschreichen Ton verfügt hat, was auch
auf einen Teil seiner Ansatzregeln zurückzuführen ist.

So berichtet Denis Diderot, der große französische Enzyklopädist, unter Anspielung
auf die Berlin und Potsdam umgebende sandige Landschaft der Mark Brandenburg
ein wenig maliziös über das Flötenspiel des Königs: „Wie schade nur, daß ihm ein
brandenburgisches Sandkorn den Ansatz verdirbt!"[12]

Im 8. Paragraph verlangt Quantz, daß das Mundloch zur Hälfte von der Unterlippe
bedeckt wird. Das sollte aber bei unseren heutigen, viel größeren Mundlöchern die
oberste Grenze sein. Quantzens Regel hängt auch mit seiner nicht ungefährlichen
Forderung zusammen, das Kopfstück stark nach innen zu drehen.
Er fährt fort:

> Wenn aber das Loch zu weit offen bleibt, so wird der Ton zwar stark, aber dabei unangenehm und
> hölzern; bedeckt man hingegen mit der Unterlippe zu viel und hält den Kopf dabei nicht in die Höhe,
> so wird der Ton zu schwach und nicht hell genug.

Wie bereits weiter oben angemerkt, kann man bei sich selbst wie bei anderen gar
nicht genug darauf achten, daß der Kopf beim Spielen nicht gesenkt wird, vor allem
aber nicht bei Tönen der unteren Oktave: Zum einen wird dadurch der Luftstrom
behindert, und zum anderen wird gleichzeitig der Abstand von der Mundlochkante
zum Lippenspalt, der sogenannte Schneidenabstand, kleiner; das kann sich nicht nur
auf den Klang, sondern auch auf die Intonation negativ auswirken.

> 9. §.
> Das Kinn und die Lippen müssen sich im Blasen beständig nach dem Verhalte der steigenden und
> fallenden Noten vor- oder rückwärts bewegen. ...

Diese Regel, die für den Überblasvorgang bedeutet, daß man hier das Kinn nach
vorn schieben soll, wird auch heute noch manchmal gelehrt. Doch bringt die
ständige Aktivierung der Kinnmuskulatur deren dauernde Anspannung mit sich, die
wegen der damit verbundenen zusätzlichen Spannungen im Mund-, Zungen- und
Halsbereich möglichst zu vermeiden ist. Die Kinnmuskulatur sollte so wenig wie
möglich angespannt werden. Um den Lippenspalt für die höheren Töne wegen der
hier notwendigen größeren Luftstromgeschwindigkeit zu verkleinern, genügt es
völlig, den Mittelbereich der Lippen allein und hier vor allem den der Oberlippe
entsprechend zu bewegen und/oder beide Lippen auch etwas stärker zur Seite zu
ziehen.
Im 14. Paragraph erwähnt Quantz

> die Regel, daß die tiefen Töne stark und die hohen hingegen schwach gespielt werden müssen.

Diese Forderung zielt darauf, das der Flöte natürliche Stärkeverhältnis – leisere tiefe
Töne und lautere und tragfähigere hohe – um des gewünschten dynamischen
Gleichgewichts willen vom Spieler ausgleichen zu lassen.

In demselben Sinne beschreibt Christian F. D. Schubart noch um 1800 den
Flötenton: „Die unteren Töne müssen brausen, die oberen lieblich dahin-
schweben."[13]

Daher empfehle ich, abwärts führende Passagen wie Tonleiter-, Akkord- und ähnliche Figuren im allgemeinen dynamisch zu intensivieren. Das heißt, sie sind zu crescendieren, damit sie nicht unbeabsichtigterweise diminuiert erscheinen. Doch gibt es natürlich auch solche Stellen, vor allem an Schlüssen, die ein Decrescendo verlangen.

Im 20. Paragraph heißt es:

> Das dreigestrichene E ist eigentlich der höchste brauchbare Ton, welchen man zu allen Zeiten angeben kann. Bei den übrigen noch höheren kommt es auf einen besonders guten Ansatz an. Wer dünne und schmale Lippen hat, dem wird die Höhe desto leichter. Mit dicken Lippen hingegen hat man in der Tiefe einen Vorteil.

Wir wissen, daß Quantz bei den von ihm selbst gebauten Instrumenten eine weite Bohrung des Flötenrohrs bevorzugte, die den Ton der ersten Oktave zu Lasten der leichten Ansprache der dritten verstärkt. Aber auch bei anderen Instrumenten stellte das „e³" im allgemeinen die obere Grenze dar, wie viele zeitgenössische Klavierinstrumente zeigen.

Selbstverständlich aber hat man in dieser Zeit bei entsprechendem Können, Instrument und Stück gegebenenfalls auch viel höhere Töne verwendet (wie etwa Antonio Vivaldi in einer Violinkadenz das „fis⁴"[14]). – Die hier von Quantz geschilderte Beziehung von schmalen Lippen zur Höhe und von dickeren zur Tiefe ist keineswegs so eindeutig, da hierbei noch andere Faktoren wie deren muskuläre Beweglichkeit und ebenfalls die Kinnform eine Rolle spielen.

25. §.
Mit Bewegung der Brust kann man dem Ton in der Flöte auch viel helfen. Sie muß aber nicht mit einer Heftigkeit, nämlich zitternd, sondern mit Gelassenheit geschehen. Täte man das Gegenteil, so würde der Ton zu rauschend werden. Eine proportionierliche Öffnung der Zähne und des Mundes und Ausdehnung der Kehle verursachen einen dicken, runden und männlichen Ton. Das Hin- und wiederziehen der Lippen macht den Ton zugleich schwebend und annehmlich.

Quantz erwähnt hier nur kurz die besondere Mittätigkeit der Atmungsmuskulatur bei der Ton-Erzeugung und damit auch die des Zwerchfells, ohne aber dabei auf das Vibrato zu sprechen zu kommen, das auch hierdurch erzeugt werden kann. Die von ihm bevorzugte Tonbelebung, das sogenannte „Flattement", werde ich weiter unten beschreiben.

Ich möchte aber bei dieser Gelegenheit darauf hinweisen, daß es zu allen Zeiten vibrato-ähnliche Tonbelebungen in dieser oder jener Form gegeben hat, und zwar nicht nur beim Gesang und bei den Blas- und Streichinstrumenten, sondern sogar in den Orgeln, in denen zuweilen mehrere Tremulanten mit verschiedenen Frequenzen und Amplituden eingebaut wurden.

Wichtig auch für uns heute ist Quantzens Hinweis auf die „Ausdehnung der Kehle", also auf die (wie auch in der Gesangslehre) erwünschte Tiefstellung des Kehlkopfs – sozusagen in Richtung auf das Gähnen.

26. §.
Endlich ist noch zu merken, daß, wenn man die Flöte mäßigen und etwas schwächer spielen will, wie es im Adagio erfordert wird, man das Mundloch ein wenig mehr, als oben gelehrt worden, mit der Lippe bedecken müsse. Weil aber die Flöte hierdurch etwas tiefer wird: so ist eben nötig, daß man in dem an dem Kopfstück befindlichen Pfropfe eine Schraube habe, vermittelst welcher man denselben,

um die Flöte so viel zu erhöhen, als das Schwächer-Spielen und die mehrere Bedeckung des Loches austrägt, aus seiner ordentlichen Lage um einen guten Messerrücken breit tiefer in die Flöte hineindrücken könne. …

Auch heute verändern manche Flötisten gelegentlich um der leichteren Ansprache bestimmter Töne willen die Stellung der Korkschraube – ein Mittel, das ich zum allgemeinen Gebrauch nicht empfehlen kann, da sich hierdurch notwendigerweise Schwierigkeiten an anderer Stelle ergeben.

Selbstverständlich aber ist nichts dagegen einzuwenden, wenn jemand vor längeren Piano-Partien oder -Sätzen die Stimmung des Instruments durch entsprechendes Verschieben des Kopfstücks korrigiert (wie natürlich auch im umgekehrten Fall).

Das V. Hauptstück

Von den Noten, ihrer Geltung, dem Takt, den Pausen und den übrigen musikalischen Zeichen

Aus diesem Hauptstück, das einen Teil der allgemeinen Musiklehre betrifft, ist für uns besonders wichtig, was Quantz über die Ausführung punktierter Werte sagt:

9. §.
Wenn ein Punkt hinter einer Note steht, so gilt derselbe noch halb so viel als die vorhergehende oder eben so viel als die folgende Note, s. Tab. II, Fig. 7.

Hier schließen sich sinngemäß folgende zwei Paragraphen an:

20. §.
Die weiße Note mit dem Punkt, s. Tab. II, Fig. 7 (a), bekommt sechs Schläge mit dem Fuß und die darauf folgende schwarze Note zwei Schläge. Die schwarze Note mit dem Punkt, s. (b), bekommt drei Schläge, und die folgende nur einen Schlag.

21. §.
Bei den Achteln, Sechzehnteln und Zweiunddreißigsteln mit Punkten, s. (c) (d) (e), geht man wegen der Lebhaftigkeit, so diese Noten ausdrücken müssen, von der allgemeinen Regel ab. Es ist hierbei insonderheit zu merken, daß die Note nach dem Punkt, bei (c) und (d), ebenso kurz gespielt werden muß, als die bei (e), es sei im langsamen oder geschwinden Zeitmaß. Hieraus folgt, daß diese Noten

mit Punkten bei (c) fast die Zeit von einem ganzen Viertel und die bei (d) die Zeit von einem Achtel bekommen: weil man die Zeit der kurzen Note nach dem Punkt eigentlich nicht recht genau bestimmen kann. Dieses deutlicher zu begreifen, spiele man die untersten Noten bei (f) und (g) langsam, doch ein jedes Exempel nach seinem gehörigen Zeitmaß, nämlich das bei (d) noch einmal so geschwind als jenes bei (c), und das bei (e) noch einmal so geschwind als das bei (d): und stelle sich in Gedanken die obersten Noten mit Punkten vor. Nachher kehre man solches um, spiele die obersten Noten und halte eine jede Note mit dem Punkt so lange, bis die Zeit von den untersten Noten mit den Punkten verflossen ist. Die Noten mit den Punkten mache man ebenso kurz als die darunter befindliche viergeschwänzte Note es erfordert. Auf diese Art wird man sehen, daß die obersten Noten mit den Punkten bei (f) die Zeit von drei Sechzehnteln und einem Zweiunddreißigstel mit einem Punkt bekommen und daß die bei (g) die Zeit von einem Sechzehntel und einem punktierten Zweiunddreißigstel, die bei (h) aber, weil bei den untersten Noten zwei Punkte stehen und die folgenden Noten noch einmal geschwänzt sind, nur die Zeit von einem Zweiunddreißigstel nebst anderthalbem Punkt erhalten.

Weil diese, hier etwas umständlich formulierte, Regel damals bekannt war, benötigte man im allgemeinen auch keine Notierung mit Doppelpunkten, wie sie hier bei Quantz und dann vier Jahre später bei Leopold Mozart gelegentlich auftauchen.
An dieser Stelle haben wir auch den Beleg für die erwünschte Überpunktierung bestimmter Werte in den langsamen, den Grave-Teilen französischer Ouvertüren vor uns, wo ebenfalls die Viertel vor allem dann überpunktiert werden sollten, sofern in den anderen Stimmen kleinere Werte als Achtel vorkamen, denen diese anzugleichen waren.
Dementsprechend verhält es sich ebenfalls im umgekehrten Falle, wenn bei einem Notenpaar nicht die erste, sondern die zweite Note den Punkt hat, wie beim sogenannten „lombardischen" Rhythmus:

23. §.
... Je kürzer man die ersten Noten bei (a) (b) (c) (d) macht, je lebhafter und frecher ist der Ausdruck. Je länger man hingegen bei (e) und (f) die Punkte hält, je schmeichelnder und annehmlicher klingen diese Arten von Noten.

Ein nicht erst heute, sondern bereits damals kontrovers diskutiertes Problem schildert Quantz im 22. Paragraphen und bezieht sich dabei auf die Beispiele der Tafel II, Fig. 7 (S. 22).

Diese Regel ist ebenfalls zu beobachten, wenn in der einen Stimme Triolen sind, gegen welche die andere Stimme punktierte Noten hat, s. (i). Man muß demnach die kurze Note nach dem Punkt nicht mit der dritten Note von der Triole, sondern erst nach derselben anschlagen. Widrigenfalls würde solches dem Sechsachtel- oder Zwölfachtel-Takt ähnlich klingen (k). Beide Arten aber müssen doch sehr verschieden sein: indem eine eingeschwänzte Triole ein Viertel, eine zweigeschwänzte ein Achtel und eine dreigeschwänzte ein Sechzehntel ausmacht, wie die darüber stehenden einzelnen Noten bei (l) (m) und (n) ausweisen: Da hingegen im Sechsachtel- und Zwölfachteltakt drei eingeschwänzte Noten ein Viertel und ein Achtel machen, s. (k). Wollte man nun diese unter Triolen befindlichen punktierten Noten alle nach ihrer ordentlichen Geltung spielen: so würde der Ausdruck davon nicht brillant und prächtig, sondern sehr lahm und einfältig sein.

Hier ist Quantzens Kollege Carl Philipp Emanuel Bach in seiner Klavierschule gegenteiliger Ansicht, und Johann Friedrich Agricola, Schüler von beiden, erweist sich als ein guter Diplomat, indem er beide Regeln gelten läßt.

Wie auch sonst oft im Leben, hat jeder der beiden Kontrahenten von seinem Standpunkt aus recht: in Stücken, die im Sinne einer gewissen traditionellen Schreibvereinfachung im ¼-, ¾- oder ²⁴-Takt notiert wurden, im Grunde aber Stücke im ¹²⁄₈-, ⁹⁄₈- oder ⁶⁄₈-Takt sind (wie etwa der dritte Satz des V. Brandenburgischen Konzerts von Bach, BWV 1050), wird man sinngemäß angleichen, das heißt, diese Sechzehntel als Triolen-Achtel spielen. In den Fällen dagegen, wo Triolenfiguren zur Veränderung, zur Abwechslung in einem sonst von Duolen geprägten Stück ab und zu einmal auftreten, wird man die punktierten sowie die folgenden kurzen Werte im Sinne der Quantz-Regel ausführen.

Eines Kommentars bedarf auch das, was Quantz im 13. Paragraphen geschrieben hat:

> ... Bei dem Viervierteltakt ist wohl zu merken, daß, wenn durch das C ein Strich geht, solcher Strich bedeutet, daß alsdann die Noten sozusagen eine andere Geltung bekommen und noch einmal so geschwind gespielt werden müssen als sonst, wenn das C keinen Durchstrich hat. Man nennt diese Taktart: alla breve. ...

Hier handelt es sich um die eine der beiden damaligen Bedeutungen dieses Zeichens, nämlich um die dadurch geforderte doppelte Beschleunigung des Tempos.

Johann Sebastian Bach beispielsweise aber benutzte die Alla breve-Vorzeichnung neben ihrer soeben geschilderten Bedeutung auch noch in einem anderen, nämlich in einem metrisch-harmonischen Sinne: In einem solchen Falle bedeutet diese Vorzeichnung in erster Linie ein Musizieren mit ausgeprägter Halbtakt-Empfindung bei üblichem Viertelzähler. Der Wechsel der Harmonie findet in solchen Sätzen im allgemeinen nicht von Viertel zu Viertel, sondern von Halbe zu Halbe statt.

Hinweisen möchte ich schließlich auch noch auf das, was Quantz im Zusammenhang mit Wiederholungszeichen im 27. Paragraphen schreibt:

> Wenn aber zuletzt ein oder zwei halbe Zirkel mit Punkten stehen, s. (e), so bedeuten sie, daß das Stück allda schließe.

Und damit beschließe auch ich meinen Kommentar zum V. Hauptstück.

Das VI. Hauptstück
Vom Gebrauch der Zunge bei dem Blasen auf der Flöte

1. §.

Die Zunge ist eigentlich das Mittel, wodurch die Töne auf der Flöte lebhaft vorgetragen werden können. Sie ist zur musikalischen Aussprache höchst nötig und verrichtet eben das, was der Bogenstrich bei der Violine tut. Es unterscheidet sich dadurch ein Flötenspieler von dem anderen: so daß, wenn ihrer etliche ein Stück wechselweise spielen, man dasselbe wegen des unterschiedenen Vortrages öfters kaum mehr kennen kann. Dieses rührt nun mehrenteils vom rechten oder unrechten Gebrauch der Zunge her. Es ist wahr, daß auch an den Fingern viel gelegen ist. Sie sind nicht nur nötig, um die Höhe oder Tiefe jedes Tons zu bestimmen und die Intervalle von einander zu unterscheiden, sondern auch, um jeder Note ihre gehörige Zeit zu geben. Sie können aber doch der Lebhaftigkeit des Vortrags nicht so behilflich sein, als es die Zunge ist. Denn diese muß den Ausdruck der Leidenschaften in allen Stücken, er mag prächtig oder traurig, lustig oder annehmlich oder wie er sonst wolle, sein, beleben.

In der damaligen Zeit hatte der Zungenstoß allein schon deswegen eine noch größere Bedeutung als heute, weil insgesamt sehr viel weniger „legato" gespielt wurde. Das hängt einmal mit der spätbarocken Leitvorstellung von der grundsätzlichen Ungleichheit zusammen, auf Grund deren zwischen betonten („guten") und unbetonten („schlechten") Noten und Taktzählern unterschieden wurde und wonach mehr als drei Töne unter einem Bindebogen zu ebenmäßig, zu gleich klingen. Daher hier auch vorzugsweise die Bindung von nur zwei oder drei Tönen. Dazu kommt noch, daß der Klang der alten Flöte bestimmte Stoßarten wie eine paarige Bindeartikulation erscheinen lassen. Das berechtigt uns heute auch dazu, entsprechende Stellen gegebenenfalls „hart" zu binden, das heißt, die letzte Note unter dem Bogen mit einem kleinen Zwerchfellakzent zu versehen und sie leicht abzuziehen.
Mit „Leidenschaften" oder Affekten bezeichnete man in dieser Stilperiode die verschiedenen seelischen Stimmungen, wie Quantz sie hier ja auch andeutet.

2. §.
Um nun vermittelst der Zunge und des durch dieselbe ausgestoßenen Windes den Ton in der Flöte recht zur Ansprache zu bringen, muß man nach Beschaffenheit der zu spielenden Noten in währendem Blasen gleichsam gewisse Silben aussprechen. Diese Silben sind von dreierlei Art. Die eine ist: ti oder di; die andere: tiri; und die dritte: did'll. ...

Quantz benutzt hier sicherlich auch wegen des eher etwas dunkleren weicheren Klanges der von ihm gebauten Flöten als Vokal für die Artikulationssilben das „i". Tromlitz verlangt später „a". Die Franzosen verwenden das „ü" (geschrieben „u"). Ich selbst halte das „e" (wie in „Teller") auf unseren Instrumenten für besonders gut geeignet. Beim „ti-ri" ist zu beachten, daß hier das mit der Zungenspitze erzeugte und auf die „gute" Note fallende „ri" im Sinne der Ungleichheit den Akzent und die Länge bekommt, während das „ti" Auftaktcharakter hat.

I. Abschnitt
Vom Gebrauch der Zunge mit der Silbe: ti oder di

1. §.
Weil einige Noten hart, andere hingegen weich angestoßen werden müssen: so ist zu merken, daß bei kurzen, gleichen, lebhaften und geschwinden Noten das ti gebraucht wird. Bei langsamen, auch wohl lustigen, doch dabei annehmlichen und unterhaltenden Melodien hingegen muß man das di brauchen. Im Adagio braucht man allezeit das di, ausgenommen bei punktierten Noten, zu welchen das ti nötig ist. ...

2. §.

Man nennt das ti einen Zungenstoß. Um diesen zu machen, muß man die Zunge an beiden Seiten fest an den Gaumen drücken und die Spitze derselben krumm und in die Höhe vorn nahe bei den Zähnen anlegen: damit der Wind aufgehalten oder gespannt werde. Wenn nun der Ton angegeben werden soll, so zieht man nur die Spitze der Zunge vorn vom Gaumen weg; der hintere Teil der Zunge aber bleibt am Gaumen: und durch dieses Wegziehen geschieht der Stoß vom aufgehaltenen Winde, nicht aber durch das Stoßen der Zunge selbst, wie viele irrig glauben.

Auch für uns heute noch wichtig halte ich die Anweisung, den hinteren Teil der Zunge zu beiden Seiten an die Backenzähne zu legen (keinesfalls aber „fest an den Gaumen drücken"!); dadurch braucht sich dann nur die Spitze und nicht die ganze Zunge zu bewegen.

3. §.

Einige haben die Art, daß sie die Zunge zwischen die Lippen setzen und den Stoß durch das Zurückziehen derselben machen. Dieses halte ich für falsch. Denn dadurch wird, besonders in der Tiefe, der dicke, runde und männliche Ton verhindert; die Zunge muß auch eine allzu weitläufige Bewegung, vor- oder rückwärts machen, welches an der Geschwindigkeit hinderlich ist.

Zwar gibt es in bestimmten Sonderfällen eine solche Möglichkeit, eine Art Explosivstoß, als Effekt; grundsätzlich aber sollte die Zungenspitze den Gaumen hinter den Oberzähnen berühren.

4. §.

Um einem jeden Ton, von der Tiefe bis in die Höhe, seinen gehörigen Ausdruck zu geben, muß man mit dem Zungenstoß ebenso wie mit den Lippen und dem Kinn verfahren, nämlich: wenn man von dem tiefsten Ton an die Töne nach der Reihe bis an die hohen spielt, muß man bei dem tiefsten die Zunge um einen guten Daumen breit von den Zähnen rückwärts krumm an den Gaumen setzen, den Mund weit auseinanderdehnen und bei einem jeden höheren Ton mit der Zunge immer ein wenig mehr vorwärts an den Gaumen stoßen, auch den Mund immer enger zusammendrücken. Dieses setze man fort bis in das höchste H, allwo die Zunge ganz nahe an die Zähne kommt.

Je nach der Höhe der anzustoßenden Töne verändert sich die Anschlagstelle der Zunge in dem von Quantz hier geschilderten Sinne.

5. §.

Will man die Noten sehr kurz machen, so muß man das ti gebrauchen, da die Spitze der Zunge wieder an den Gaumen zurückspringen muß, um den Wind aufs neue zu spannen. Man kann dieses am besten merken, wenn man, ohne zu blasen, etliche ti ti ti ti geschwind hintereinander ausspricht.

Wir verfügen über zwei Möglichkeiten, einen Ton zu beenden: erstens durch das hier von Quantz beschriebene Zurückschnellen-lassen der Zunge (tettettettett usw.), das beim Streichinstrumentenspiel dem „spiccato" entspricht, und zweitens dadurch, daß wir den Luftstrom mit Hilfe der Atmungsmuskulatur, also mit dem Zwerchfell anhalten und damit unterbrechen.

6. §.

Bei langsamen und unterhaltenen (nourissanten) Noten darf der Stoß nicht hart sein: weswegen man alsdann das di anstatt des ti braucht. Hierbei ist zu merken, daß, so wie bei dem ti die Spitze der Zunge gleich wieder an den Gaumen springt, diese hingegen bei dem di mitten im Munde frei bleiben muß: damit der Wind nicht verhindert werde, den Ton zu unterhalten.

Töne, die mit „de" anstatt mit „te" angestoßen werden, klingen deswegen oft noch schöner und sind noch tragfähiger, weil hierbei der Atem richtig abgestützt sein

muß, während sich bei „te" leicht eine unerwünschte Stauung hinter der Zungenspitze ergeben kann. Und „mitten im Munde frei bleiben" sollte die Zunge genauso
wie bei längeren auch immer während gebundener Noten.

7. §.
Wenn die Achtel im Allegro Sprünge ausmachen, so haben sie ti. Folgen aber andere Noten darauf,
welche stufenweise auf oder niederwärts gehen, sie mögen aus Achteln, Vierteln oder weißen Noten
bestehen: so wird das di gebraucht, s. Tab. III. Fig. 1. Stehen Striche über den Vierteln: so bleibt das ti,
s. Tab. III, Fig. 2. Findet sich ein Vorschlag bei einer Note, so wird derselbe mit eben der Art Zunge
gestoßen wie die vorhergehenden Noten, sie mögen hart oder weich sein, s. Tab. III, Fig. 3 und 4.

Das heißt: längere Töne im Sekundabstand werden im allgemeinen mit „de"
angestoßen, es sei denn, es stehen (senkrechte) Striche (oder auch Staccato-Punkte)
über oder unter ihnen.

8. §.
Es ist eine allgemeine Regel, daß zwischen dem Vorschlag und der Note, die vor ihm hergeht,ein
kleiner Unterschied sein müsse, absonderlich, wenn beide Noten auf einerlei Ton stehen, damit man
den Vorschlag deutlich hören könne. Die Zunge muß also nach Anstoßung der vorhergehenden Note
gleich wieder an den Gaumen springen, wodurch der Wind aufgehalten, die Note kürzer und also der
Vorschlag deutlicher wird.

Gegen diese Regel wird auch heute noch – vor allem in langsamen Sätzen – vielfach
verstoßen.

9. §.
Bei geschwinden Passagen tut die einfache Zunge keine gute Wirkung, weil die Noten dadurch alle
einander gleich werden, welche doch dem guten Geschmack gemäß etwas ungleich sein müssen. ...

Weiter oben habe ich bereits über die Leitvorstellung der damaligen Zeit von der
Ungleichheit gesprochen. Hier muß ich noch hinzufügen, daß das Maß dieser
Ungleichheit überall durchaus verschieden und im französischen Stil besonders stark
ausgeprägt gewesen ist.
In diesem Sinne könnten wir heute (müssen es aber keineswegs) die entsprechenden
Regeln von Quantz auch in Werken anderer zeitgenössischer Komponisten anwen-
den. So spricht etwa Carl Philipp Emanuel Bach überhaupt nicht von einer größeren
Länge der „guten" Note gegenüber der „schlechten", sondern nur davon, daß sie
einen „etwas stärkeren Druck" bekommen sollte. Er fügt aber sogleich einschränkend hinzu: „doch so, daß man es kaum merkt."[15]

10. §.
Nicht alle Noten dürfen mit der Zunge angestoßen werden: sondern, wenn ein Bogen über zwei oder
mehr Noten steht, so muß man dieselben schleifen. Es ist demnach zu merken, daß nur die Note, bei

welcher der Bogen anfängt, gestoßen werden muß, die übrigen aber, die sich unter dem Bogen befinden, werden an dieselbe geschleift, wobei alsdann die Zunge nichts zu tun hat. Es wird auch ordentlicherweise bei schleifenden Noten nicht ti, sondern di gebraucht, s. Tab. III, Fig. 5. ...

Damals bedeutete der Ausdruck „Schleifen" das Binden verschieden hoher Töne und der Ausdruck „Binden" demgegenüber das Überbinden gleichhoher Noten, etwa über einen Taktstrich hinweg.

Die erste Note unter einem Bogen, die Bogen-Erste, wird also – wie auch längere Töne im allgemeinen – weich und eben nicht hart angestoßen. Man tut also gut, auch die Bindefigur „Triller" wegen der damit verbundenen besseren Stützfunktion der Atmungsmuskulatur mit „de" zu beginnen. Wie wir dann später in der Quantz-Nachfolge auch von Tromlitz hören, wurden Töne nicht so weich wie heute üblich angebunden, sondern teilweise, vor allem im Allegro, durch eine Art Zwerchfell-Akzent verdeutlicht[16]. – Im folgenden Paragraphen heißt es:

> Wenn über Noten, die auf einerlei Ton stehen, ein Bogen befindlich ist, s. Fig. 8, so müssen selbige durch das Hauchen, mit Bewegung der Brust, ausgedrückt werden. Stehen aber über solchen Noten zugleich Punkte, s. Fig. 9, so müssen diese Noten viel schärfer ausgedrückt und sozusagen mit der Brust gestoßen werden.

Und in Anbetracht der Größe heutiger Konzertsäle sollte folgende Anweisung von Quantz besonders beachtet werden:

> 13. §.
> An einem großen Ort, wo es schallt, und die Zuhörer weit entfernt sind, muß man die Noten mit der Zunge überhaupt mehr und schärfer markieren als an einem kleinen Ort, besonders, wenn etliche Noten auf einerlei Ton vorkommen: sonst klingen dieselben, als wenn sie nur mit der Brust gehaucht würden.

Quantz bespricht in den folgenden Abschnitten den Gebrauch der Zunge mit den heute nur noch selten benutzten Silben „ti-ri"[17] und mit den auf modernen Flöten überhaupt nicht mehr angewandten Silben „did'll". Da es meine Absicht ist, Quantzens Anweisungen auf das Spiel von Instrumenten unserer Zeit zu übertragen, beschränke ich mich hier auf ein paar kurze Bemerkungen über diese Zungenarten und erläutere die damit verbundenen Auswirkungen auf unsere heutige Artikulation.

II. Abschnitt
Vom Gebrauch der Zunge mit dem Wörtchen: tiri

1. §.
Diese Art hat bei Passagen von mäßiger Geschwindigkeit ihren guten Nutzen: besonders, weil dabei
die geschwindesten Noten allezeit etwas ungleich gespielt werden müssen. ...

Die hier von Quantz gewünschte Ungleichheit innerhalb eines Notenpaars bezieht
sich also sowohl auf das Rhythmische als auch auf das Dynamische. Die „gute", also
die betonte Note, sollte länger und stärker als die „schlechte" sein. Das Längen-
Verhältnis zwischen beiden Noten konnte im französischen Stil von drei zu eins, bis
zu neun zu sieben reichen, wie wir beim Père Engramelle in dessen „Tonotechnie"
lesen können[18].

4. §.
Bei diesem Wörtchen tiri fällt der Akzent auf die letzte Silbe; das ti ist kurz und das ri lang. Das ri muß
also allezeit zu der Note im Niederschlag gebraucht werden: das ti aber zu der Note im Aufheben.
Das ri kommt also in vier Sechzehnteln allezeit zu der ersten und dritten, das ti aber zu der zweiten
und vierten Note.

Das „ri" entspricht dem weicheren „di" und kann von einer gewissen Entfernung an
gleichsam wie an das „ti" angebunden klingen. Die Beispiele lehren, daß diese
Zungenart vor allem bei Punktierungen und bei stufenweise auf- und absteigenden
Notenfolgen angewandt wurde. Den gleichen Effekt können wir heute mit einem
leichten auftaktigen „te" und einem sich daran anschließenden weichen „de" auf der
„guten" Note erreichen oder auch dadurch, daß wir einfach die betonte Note härter
an den Auftakt binden. Das Maß der Ungleichheit ist dabei Geschmackssache und
hängt auch vom Stück, vom Raum und vom Können ab.

III. Abschnitt
Vom Gebrauch der Zunge mit dem Wörtchen: did'll,
oder der sogenannten Doppelzunge

1. §.
Die Doppelzunge wird nur zu den allergeschwindesten Passagen gebraucht. So leicht sie, sowohl
mündlich gezeigt, als durch das Gehör begriffen werden kann: so schwer fällt es, sie schriftlich zu
lehren. Das Wörtchen did'll, welches man dabei ausspricht, sollte aus zwei Silben bestehen. In der
zweiten ist aber kein Selbstlauter: also kann sie weder didel noch dili, sondern nur did'll genannt
werden, wobei man den Selbstlauter, der in der zweiten Silbe stehen sollte, verbeißt. Dieses d'll aber
kann mit der Spitze der Zunge nicht ausgesprochen werden, wie das di.

3. §.
Im Gebrauch ist das did'll das Gegenteil vom tiri. Denn so, wie der Akzent bei tiri auf der zweiten
Silbe liegt, so fällt derselbe bei did'll auf die erste und kommt allezeit auf die Note im Niederschlag
oder auf die sogenannte gute Note.

Aus dieser Beschreibung geht klar hervor, daß sich diese Art Doppelzunge wie auch
das „ti-ri" rhythmisch und dynamisch in sich ungleich auswirkt. Demgegenüber
begann sich unsere heutige Doppelzunge mit den gleichwertigen Silben „te-ke"

(oder ähnlich) erst am Ende des 18. Jahrhunderts zu entwickeln. Sie wurde zum ersten Mal von François Devienne in seiner Flötenschule von 1794[19] als „Dou-gue" erwähnt – also kurz nach 1789, dem Jahr der französischen Revolution, in der die Gleichheit für das soziale System gefordert wurde.

Auch in der Aufführungspraxis verwandelt sich nun langsam das bisherige Ideal der grundsätzlichen Ungleichheit in das neue der Gleichheit.

Die folgenden Beispiele, die Quantz anhand von Gruppen zu vier Sechzehnteln erläutert, weisen alle auf das Prinzip der paarigen Ungleichheit hin, wobei sich aber auch Gruppierungen von einem abzusetzenden Sechzehntel und drei folgenden, im Sekundabstand zusammenhängenden Sechzehnteln ergeben (und umgekehrt); grundsätzlich herrscht aber die Paarbildung vor.

Weil sich die zweite Silbe des „did'll" eher wie eine härtere Bindung als ein Stoß auswirkt, können wir heute – wenn es uns gefällt – entsprechende unbezeichnete Sechzehntelgruppen (im Alla breve-Takt auch solche von Achteln) paarig härter binden oder sie – ebenfalls leicht ungleich – mit „de-de" stoßen, wobei die erste Note immer etwas länger und stärker gespielt werden kann.

In reinen Dreiergruppen wie auch in Triolen und in entsprechenden Achteltakten werden im allgemeinen die beiden ersten Noten im Sinne des „did'll" zusammengefaßt, also heute mehr oder minder hart gebunden. Oder es werden auch die beiden letzten Noten gebunden, falls die erste Note durch ein größeres Intervall von der zweiten abgesetzt ist. In solchen Dreierfiguren wie auch in Triolen entfällt die Ungleichheit: hier werden die Noten im allgemeinen gleich musiziert.

Im 11. Paragraphen finden wir eine für uns heute etwas merkwürdige Anweisung:

Wenn die erste der geschwinden Noten an eine vorhergehende lange gebunden ist oder wenn an deren Stelle ein Punkt steht, so muß man dieselbe mit der Brust hauchen und anstatt di hi sagen, s. Fig. 12 und 13. Man kann aber auch die beiden Noten nach dem Punkt mit ti anstoßen, s. Fig. 14.

Ein solches Nachdrücken mit einem leichten Zwerchfellstoß („hi") bei übergebundenen gleichhohen Noten ist wohl zu Quantzens Zeiten noch teilweise üblich gewesen. Für die Geiger lehnt er es aber später ausdrücklich ab (s. S. 65). Der etwas jüngere Leopold Mozart erwähnt es zwar noch, meint aber, daß es nur geschehe, „um sich genauer im Takt zu halten." Heute erscheint uns ein solches Nachdrücken als ein schülerhafter Fehler.

Das VII. Hauptstück

Vom Atemholen bei Ausübung der Flöte

Dieses Kapitel ist für uns heute deswegen von besonderer Bedeutung, weil unsere Instrumente mehr Luft verbrauchen als die alten Flöten mit ihrem kleineren Mundloch und mit ihrer engeren Bohrung. Ich möchte hier vorausschicken, daß es das Ziel aller Bläser und Sänger sein sollte, die Atemvorgänge möglichst nicht als eine Notwendigkeit erscheinen zu lassen, sondern mit ihrer Hilfe auch die – vor allem in der Musik des 18. Jahrhunderts so wichtige – Phrasierung zu verdeutlichen. Aus diesen beiden Gründen zitiere ich hier Quantz ausführlich:

1. §.
Den Atem zu rechter Zeit zu nehmen, ist bei Blasinstrumenten so wie beim Singen eine sehr nötige Sache. Durch dessen Mißbrauch, welchen man doch bei vielen wahrnimmt, werden Melodien, welche aneinanderhängen sollen, öfters zerrissen, die Komposition wird verstümmelt und der Zuhörer eines Teils von seinem Vergnügen beraubt. ...

2. §.
Da aber auch nicht allemal möglich ist, alles was zusammen gehört, in einem Atem zu spielen: weil entweder die Komposition nicht immer mit gehöriger Behutsamkeit dazu eingerichtet ist, oder weil der, welcher sie ausführt, nicht Fähigkeit genug besitzt, den Atem zu sparen: so will ich hier einige Exempel anführen, aus welchen man wird abnehmen können, bei was für Noten am füglichsten Atem könne genommen werden. Hieraus ziehe man sich in der Folge allgemeine Regeln.

3. §.
Die geschwindesten Noten von einerlei Geltung in einem Stück müssen etwas ungleich gespielt werden. ... Hieraus fließt die Regel, daß man einen Atem zwischen einer langen und kurzen nehmen müsse. Niemals darf es nach einer kurzen, viel weniger nach der letzten Note im Takt geschehen: denn mag man dieselbe auch so kurz stoßen, als man will, so wird sie doch durch das Atemholen lang. Hiervon werden die Triolen ausgenommen, – wenn sie stufenweise auf- oder niederwärts gehen und sehr geschwind gespielt werden müssen. Bei diesen erfordert es öfters die Notwendigkeit, nach der letzten Note im Takt Atem zu nehmen. Findet sich aber nur ein Sprung von einer Terz, u.d.g. so kann es zwischen dem Sprung geschehen.

Hier ist also zu beachten, daß die grundsätzliche Auftakt-Empfindung in dieser Zeit so stark ausgeprägt gewesen ist, daß innerhalb einer längeren Passage nach der letzten Note im Takt, das heißt, auf dem Taktstrich, nicht geatmet werden sollte. Das geschieht aber heute sehr häufig. Auch von Quantzens Ausnahmegenehmigung für Triolenstellen sollte man nur im Notfall Gebrauch machen.

4. §.

Wenn ein Stück mit einer Note im Aufheben des Taktes anfängt, die Anfangsnote mag nun die letzte im Takt sein oder es mag vor derselben noch eine Pause im Niederschlage stehen, oder wenn eine Kadenz gemacht wurde und sich ein neuer Gedanke anfängt: so muß man bei Wiederholung des Hauptsatzes oder beim Anfang des neuen Gedankens vorher Atem holen; damit die Endigung des vorigen und der Anfang des folgenden von einander gesondert werden.

Diese letzte Anweisung ist besonders ernst zu nehmen: Selbstverständlich sollte Zusammenhängendes nicht getrennt werden; andererseits sollen neue Gedanken, Wiederholungen, Sequenzen aber auch nicht auf eine solche Weise zusammengezogen werden, wie es dann im 19. Jahrhundert üblich wurde. In der Romantik konnten die Phrasierungsbögen gar nicht groß genug sein, die sich dann bei Richard Wagner bis zur „unendlichen Melodie" ausdehnten.

5. §.

Hat man eine Note von einem oder mehreren Takten auszuhalten, so kann man vor der haltenden Note Atem holen, wenn auch gleich eine kurze Note vorhergeht. Wenn an dieselbe lange Note noch ein Achtel gebunden ist und auf diese zwei Sechzehntel und wieder eine gebundene Note folgen, s. Tab. V, Fig. 16, so kann man aus dem ersten Achtel zwei Sechzehntel, doch auf ebendemselben Ton, machen, s. Tab. V, Fig. 17, und zwischen denselben den Atem nehmen. Auf gleiche Art kann man bei allen gebundenen Noten (Ligaturen), sie mögen Viertel, Achtel oder Sechzehntel sein, so oft es nötig ist, verfahren. Folgt aber auf diese Bindung nach der halben Note weiter keine andere mehr, s. Fig. 18, so kann man nach der an die lange gebundenen Note Atem holen, ohne sie in zwei Noten zu zerteilen.

Mit dieser hier von Quantz angegebenen Hilfe sollten sich alle Bläser und Sänger vertraut machen, da man sie gegebenenfalls auch noch in Kompositionen der folgenden Stilepoche gut verwenden kann: Sie besteht darin, daß man kurz vor dem Ende einer längeren Note atmet und nach der Atmung denselben Ton noch einmal im Sinne eines Auftakts wiederholt und ihn möglicherweise an die folgende Note bindet.

7. §.

Aus folgenden Exempeln, von der 19. Figur an bis zum Ende der V. Tabelle, wird man deutlich sehen können, bei was für Noten man am füglichsten Atem holen könne. Es sind allezeit diejenigen, über welchen ein Strich steht. Doch versteht sich von selbst, daß man nicht allezeit, so oft dergleichen Noten vorkommen, sondern nur alsdann, wenn es die Not erfordert, Atem holen müsse.

8. §.

Ob dieses nun gleich bei dem ersten, zweiten, dritten und letztem Viertel eines jeden Taktes geschehen kann, so ist es doch allezeit besser bei dem ersten Viertel und zwar nach dessen ersten Note: Es wäre denn, daß die ersten vier Noten stufenweise gingen, die folgenden aber sprängen. Denn bei weiten Intervallen schickt sich das Atemholen am besten.

Wenn heute bei längeren Sechzehntel- oder Achtelpassagen auf dem Taktstrich geatmet wird, ist das – wie bereits erwähnt – im Sinne der damaligen Zeit nicht gut. Für derartige Stellen finden wir im 6. Paragraphen, in dem sich Quantz mit dem „Wie" der Atmung beschäftigt, eine empfehlenswerte Hilfe:

Um lange Passagen zu spielen, ist nötig, daß man einen guten Vorrat von Atem langsam in sich ziehe. Man muß zu dem Ende den Hals und die Brust weit ausdehnen, die Achseln in die Höhe ziehen, den Atem in der Brust, so viel als möglich ist, aufzuhalten suchen und ihn alsdann ganz sparsam in die Flöte blasen. Findet man sich aber dennoch genötigt, zwischen geschwinden Noten Atem zu holen: so muß man die Note, nach welcher es geschehen soll, sehr kurz machen, den Atem in der Geschwindigkeit nur bis an die Gurgel ziehen und die folgenden zwei oder drei Noten etwas übereilen: damit der Takt nicht aufgehalten werde und auch keine Note verloren gehe. Glaubt man aber im voraus, nicht im Stande zu sein, die Passage in einem Atem auszuspielen, so tut man wohl, wenn man es nicht aufs Äußerste ankommen läßt, sondern bei Zeiten mit Vorteil Atem holt. Denn je öfter man in der Geschwindigkeit Atem nimmt, je unbequemer wird derselbe und je weniger hilft er.

Das hier erlaubte „Übereilen" kann man so auffassen, daß beispielsweise in einer Gruppe von vier Sechzehnteln nach dem ersten geatmet wird und die folgenden drei als Triole zusammengefaßt werden. Gut und sicher ausgeführt, klingt eine solche Hilfe durchaus überzeugend und eben nicht wie eine Notlösung.
Genauso wie wir heute, hielt auch schon Tromlitz das von Quantz empfohlene Hochziehen der Schultern für falsch und kritisierte ebenfalls das von ihm gelehrte „Nur-bis-an-die-Gurgel-ziehen" der Luft bei Schnell-Atmungen. Gut dagegen ist Quantzens Anweisung, den Atem nach Möglichkeit langsam einströmen zu lassen und dabei den Hals sozusagen in Gähnstellung zu bringen. Auch der Hinweis, daß man möglichst nicht erst dann atmen soll, wenn es gar nicht mehr zu vermeiden geht, ist von einem jeden Bläser und Sänger zu beachten. Denn je nötiger man Atem braucht, desto schwieriger ist es, sowohl geräuschlos als auch tief genug einzuatmen. Und schließlich noch folgende Feststellung des Praktikers Quantz im 10. Paragraph:

So viel ist gewiß, daß man, wenn man für sich allein singt oder spielt, zum wenigsten, wo nicht zweimal, doch noch einmal so viel in einem Atem herausbringen kann, als wenn man in Gegenwart vieler Zuhörer singen oder spielen muß.

33

Man tut also gut, sich schon zu Hause auf gegebenenfalls nötig werdende Zusatzatmungen vorzubereiten, damit diese im Konzert oder bei einer Aufnahme dann nicht aus Not dem Zufall überlassen bleiben.

Das VIII. Hauptstück

Von den Vorschlägen und den dazu gehörigen kleinen wesentlichen Manieren

1. §.

Die Vorschläge (Ital. appoggiature, Franz. ports de voix) sind im Spielen sowohl ein Zierrat als eine notwendige Sache. Ohne dieselben würde eine Melodie öfters sehr mager und einfältig klingen. Soll eine Melodie galant aussehen, so kommen immer mehr Konsonanzen als Dissonanzen darin vor. Wenn der ersteren viele nach einander gesetzt werden und nach einigen geschwinden Noten eine konsonierende lange folgt, so kann das Gehör dadurch leicht ermüdet werden. Die Dissonanzen müssen es also dann und wann gleichsam wieder aufmuntern. Hierzu nun können die Vorschläge viel beitragen, weil sie, wenn sie vor der Terz oder Sext, vom Grundton an gerechnet, stehen, sich in Dissonanzen als Quarten und Septimen verwandeln, durch die folgende Note aber ihre gehörige Auflösung bekommen.

Gegenüber dem schwereren, ernsthaften, gearbeiteten Stil des Spätbarock eines Johann Sebastian Bach bedeutete der aber auch bei ihm bereits anklingende „galante" Stil eine Wendung zum Einfacheren, Singbaren, Unterhaltsamen. Galante Musik war vor allem für die große und ständig noch wachsende Zahl der Musikliebhaber gedacht. Georg Philipp Telemann galt als einer ihrer Hauptkomponisten. Quantz fährt fort: Die Vorschläge

2. §.

... werden durch ganz kleine Nötchen angedeutet, um sie mit den ordentlichen Noten nicht zu verwirren, und bekommen ihre Geltung von den Noten, vor denen sie stehen. Es liegt eben nicht viel daran, ob sie mehr als einmal oder gar nicht geschwänzt sind. Doch werden sie mehrenteils nur einmal geschwänzt. Die zweimal geschwänzten pflegt man nur vor solchen Noten zu gebrauchen, denen an ihrem Zeitmaß nichts abgebrochen werden darf. Z. E. Bei zwei oder mehr langen Noten, sie mögen Viertel oder halbe Takte sein, wenn sie auf einerlei Ton vorkommen, s. Tab. VI, Fig. 25, werden diese kleinen zweimal geschwänzten Noten, sie mögen von unten oder von oben zu nehmen sein, ganz kurz ausgedrückt und anstatt der Hauptnoten im Niederschlage angestoßen. ..·

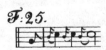

Vorschläge kommen also in dieser Zeit im Normalfalle, der aber verschiedene Ausnahmen zuläßt, betont auf den Schlag. Ihr rhythmischer Wert braucht nicht immer ihrer Notierung zu entsprechen. Das gilt mindestens noch bis 1800. Bemerkenswert, aber für die damalige Zeit nicht allgemeingültig, ist das, was Quantz hier über diejenigen Vorschläge sagt, die nicht nur mit einem, sondern mit zwei Fähnchen versehen sind: diese wären so zu spielen, daß der folgenden Hauptnote „an ihrem Zeitmaß nichts abgebrochen werden darf". Das heißt, sie sollten ebenso vorausgenommen werden wie die Vorschläge zwischen repetierten längeren Noten, also solchen gleicher Tonhöhe.

3. §.

Die Vorschläge sind eine Aufhaltung der vorigen Note. Man kann sie also nach Belieben der Stelle, wo die vorige Note steht, sowohl von oben als von unten nehmen, s. Tab. VI, Fig. 1 und 2. Wenn die vorhergehende Note um eine oder zwei Stufen höher steht als die folgende, vor welcher sich der Vorschlag befindet: so wird der Vorschlag von oben genommen, s. Tab. VI, Fig. 3. Steht aber die vorhergehende Note tiefer als die folgende: so muß auch der Vorschlag von unten genommen werden, s. Fig. 4, und wird mehrenteils zur None, welche sich in die Terz, oder zur Quart, welche sich in die Quint über sich auflöst.

4. §.

Man muß die Vorschläge mit der Zunge weich anstoßen, und, wenn es die Zeit erlaubt, an der Stärke des Tons wachsen lassen, die folgende Note aber etwas schwächer dran schleifen. Diese Art der Auszierungen wird der Abzug genannt und hat von den Italienern ihren Ursprung.

Die Vorschläge, die üblicherweise mit dem Baß dissonieren, sind also wie alle Bogen-Erste mit „de" anzustoßen. Längere Vorschläge in langsamen Sätzen kann man dynamisch aufblühen lassen.

5. §.

Es gibt zweierlei Arten der Vorschläge. Einige werden als anschlagende Noten oder im Niederschlag, andere als durchgehende Noten oder im Aufheben des Taktes angestoßen. Man könnte die ersten: anschlagende, die anderen aber: durchgehende Vorschläge benennen.

Anschlagende Vorschläge kommen also betont auf den Schlag, durchgehende unbetont davor; sie werden also vorausgenommen. Diese letzteren haben sich bis heute erhalten und werden seit dem 19. Jahrhundert mit einem durchstrichenen Fähnchen bezeichnet (das ursprünglich nichts anderes als eine Schreibvereinfachung der Doppelfähnchen beim Sechzehntel-Vorschlag bedeutete), während die anschlagenden langen auch schon in der Bach-Händel-Zeit (vor allem aber dann später) im Sinne von harmonischen Vorhalten häufig in vollen Werten ausgeschrieben und somit in den Takt eingeordnet wurden. Spieler und Sänger verfügen bei den anschlagenden wie bei den durchgehenden kurzen Vorschlägen über verschiedene Möglichkeiten: so können sie auch einmal „unbetont" mit „auf den Schlag" und „betont" mit „Vorausnahme" verbinden – entscheidend allein ist, daß ein solcher Vorschlag „sitzt", daß er überzeugend wirkt. Auf diese Weise erübrigen sich so manche diesbezüglichen Diskussionen.

6. §.

Die durchgehenden Vorschläge finden sich, wenn einige Noten von einerlei Geltung durch Terzensprünge unter sich gehen, s. Tab. VI, Fig. 5. Sie werden im Spielen ausgedrückt, wie bei Fig. 6 zu sehen ist. Die Punkte werden lange gehalten, und die Noten, wo der Bogen anfängt, nämlich: die zweite, vierte und sechste, werden angestoßen. Man muß diese Art nicht mit den Noten verwechseln, wo hinter der zweiten ein Punkt steht und welche fast ebendieselbe Melodie ausdrücken, s. Fig. 7. In dieser Figur kommen die zweite, vierte und die folgenden kurzen Noten, als Dissonanzen gegen den Baß, in den Niederschlag; sie werden im Spielen auch frech und lebhaft vorgetragen: da hingegen die

Vorschläge, wovon hier die Rede ist, einen schmeichelnden Ausdruck verlangen und in der Zeit der folgenden Hauptnote anstoßen. Wollte man nun die kleinen Noten bei Fig. 5 lang machen und in der Zeit der folgenden Hauptnote anstoßen: so würde dadurch der Gesang ganz verändert werden und so klingen, wie bei Fig. 8 zu sehen ist. Dieses würde aber der französischen Spielart, aus welcher diese Vorschläge herstammen und folglich im Sinne ihrer Erfinder, welcher in diesem Stücke einen fast allgemeinen Beifall erhalten hat, zuwider sein.

Carl Philipp Emanuel Bach, der über ein Vierteljahrhundert lang Kollege von Quantz gewesen ist, zollt dagegen dieser „Erfindung" gar keinen Beifall und lehnt vielmehr die durchgehenden Vorschläge grundsätzlich ab. Er verlangt, daß sämtliche Vorschläge auf den Schlag kommen.
Quantz fährt fort:

Öfters finden sich auch zwei Vorschläge vor einer Note, da der erste durch eine kleine, der andere aber durch eine mit zum Takte gerechnete Note ausgedrückt wird; dergleichen bei den Einschnitten vorkommen, s. Fig. 9. Die kleine Note wird also ebenfalls kurz angestoßen und in die Zeit der vorigen Note im Aufheben gerechnet. Man spielt die Noten bei Fig. 9 so, wie bei Fig. 10 zu ersehen ist.

Vorschläge vor in vollen Werten ausgeschriebenen Vorschlägen, also vor Vorhalten, sind daher im allgemeinen vorauszunehmen, damit erst die dissonante Vorhaltsnote zusammen mit dem Baß erklingt.
Da die folgenden Regeln über die Ausführung langer Vorschläge teilweise auch noch für die klassische Stilperiode gelten, lasse ich Quantz hier wieder ausführlich zu Wort kommen:

7. §.

Anschlagende oder in den Niederschlag treffende Vorschläge findet man vor einer langen Note im Niederschlag, die auf eine kurze im Aufheben folgt, s. Tab. VI, Fig. 11. Hier wird der Vorschlag halb so lange gehalten wie die darauf folgende Hauptnote und wird gespielt, wie bei Fig. 12 zu ersehen ist.

8. §.

Steht ein Punkt bei der durch den Vorschlag auszuzierenden Note, so teilt sie sich in drei Teile. Davon bekommt der Vorschlag zwei Teile, die Note selbst aber nur einen Teil, nämlich so viel, als der Punkt austrägt. Die Noten bei Fig. 13 werden folglich gespielt, wie bei Fig. 14 zu ersehen ist. Diese und die im vorigen § gegebenen Regeln sind allgemein, die Noten mögen sein, von welcher Art sie wollen, und die Vorschläge mögen höher oder tiefer stehen als die darauf folgenden Noten.

9. §.

Wenn im Sechsachtel- oder Sechsvierteltakt zwei Noten auf einem Ton aneinander gebunden sind und die erste einen Punkt hinter sich hat, wie in Giguen vorkommt: so werden die Vorschläge so lange gehalten, als die erste Note mit dem Punkt gilt, s. Fig. 15 und 17. Sie werden gespielt, wie bei Fig. 16 und 18 zu ersehen ist, und gehen also von der vorigen Regel ab. Man hat in Ansehung dieser Vorschläge diese Taktarten nicht als ungerade, sondern als geraden Takt anzusehen.

Und hierauf folgt nun eine Regel, die wir heute entsprechend ihrem eigentlichen Sinn sogar noch verstärkt anwenden sollten, da sich inzwischen die Hörgewohnheiten verändert haben und heutzutage die Musiksprache des 18. Jahrhunderts vielen Menschen nicht mehr so recht geläufig ist:

10. §.

Wenn über Noten, so gegen die Grundstimme Dissonanzen machen, es mag die übermäßige Quart oder die falsche Quint oder die Septime oder die Sekunde sein, Triller stehen, s. Fig. 19, 20, 21, 22, so muß der Vorschlag vor dem Triller ganz kurz sein, um nicht die Dissonanzen in Konsonanzen zu verwandeln. Z. E. man hielte bei Fig. 21 den Vorschlag A halb so lange als das darauf folgende Gis mit dem Triller: so würde man anstatt der Septime zu Gis die Sexte F zu A und folglich keine Dissonanz mehr hören; welches man aber, um nicht die Schönheit und Annehmlichkeit der Harmonie zu verderben, so viel als möglich ist, vermeiden muß.

Damit sich die geforderte Dissonanz nicht in eine hier unerwünschte Konsonanz verwandelt, empfehle ich, Triller auf einer zum Baß dissonierenden Note sogleich und betont mit der Hauptnote zu beginnen oder aber die obere Nebennote nur als einen kurzen Vorschlag vorauszunehmen.

11. §.

Folgt nach einer Note eine Pause, so bekommt der Vorschlag, wenn es anders die Notwendigkeit des Atemholens nicht verhindert, die Zeit von der Note, die Note aber die Zeit von der Pause. Die drei Arten Noten bei Fig. 23 werden also gespielt wie bei Fig. 24 in der Folge zu sehen ist.

Alle diese Regeln über die langen Vorschläge sind jedoch nur soweit anzuwenden, wie sie, vor allem bei mehrstimmigen Stücken, gut klingen und die Stimmführung nicht beeinträchtigen.

12. §.

Es ist nicht genug, die Vorschläge in ihrer Art und Einteilung spielen zu können, wenn sie vorgezeichnet sind. Man muß auch selbige an ihren Ort zu setzen wissen, wenn sie nicht geschrieben sind. Um solches zu erlernen, nehme man dieses zur Regel: Wenn nach einer oder etlichen kurzen Noten im Niederschlag oder Aufheben des Taktes eine lange Note in konsonierender Harmonie liegen bleibt, so muß vor der langen, um den gefälligen Gesang beständig zu unterhalten, ein Vorschlag gemacht werden. Die vorhergehende Note wird zeigen, ob er von oben oder unten genommen werden müsse.

13. §.

Ich will ein kleines Exempel geben, welches die meisten Arten der Vorschläge in sich hält, s. Fig. 26. Will man sich von der Notwendigkeit und der guten Wirkung der Vorschläge überzeugen, so spiele man dieses Exempel erstlich mit den dabei befindlichen Vorschlägen, hernach ohne dieselben. Man wird den Unterschied des Geschmacks sehr deutlich wahrnehmen. Zugleich wird man aus diesem Exempel ersehen, daß die Vorschläge meistenteils vor solchen Noten stehen, welche geschwindere Noten entweder vor oder nach sich haben, und daß auch bei dem größten Teile der Triller Vorschläge erfordert werden.

Der letzte Satz zeigt, daß Quantz unter Umständen auch Triller ohne Vorschläge zuläßt.

14. §.

Aus den Vorschlägen fließen noch einige andere kleine Auszierungen; diese sind: der halbe Triller, s. Tab. VI, Fig. 27 und 28; das Pincé (der Mordent), s. Fig. 29 und 30, und das Doublé oder der Doppelschlag, s. Fig. 31, welche in der französischen Spielart, um ein Stück brillant zu spielen, üblich sind. Die halben Triller sind von zweierlei Art, s. Fig. 27 und 28, und können anstatt des simplen Abzugs den Vorschlägen von oben angehängt werden. Die Pincés sind gleichfalls zweierlei; sie können so wie die Doublés den Vorschlägen von unten angehängt werden.

15. §.

Die battements, s. Fig. 32 und 33, können bei springenden Noten, wo keine Vorschläge stattfinden, angebracht werden, um die Noten lebhaft und schimmernd (brillant) zu machen. Das erste muß auf der Flöte mit einem Schlag mit dem Finger und einem Stoß der Zunge zugleich geschehen, und kann sowohl bei geschwinden als langsamen Noten angebracht werden. Das andere schickt sich besser zu etwas langsamen als zu geschwinden Noten: doch müssen die dreigeschwänzten Noten in der größten Geschwindigkeit gemacht werden: weswegen man den Finger nicht hoch aufheben darf.

Die „Battements" sind also halbtönige Mordente auf etwas längeren Noten nach einer Pause, während die eigentlichen Mordentfiguren Vorschläge von unten mit der folgenden Hauptnote enger verbinden sollen.

16. §

Diese Auszierungen oder Manieren, welche ich im 14. und 15. § beschrieben habe, dienen nach Beschaffenheit eines Stückes zur Aufmunterung und Fröhlichkeit: die simplen Vorschläge hingegen zur Erweichung und Traurigkeit. Weil nun die Musik die Leidenschaften bald erregen, bald wieder stillen soll, so erhellt daraus der Nutzen und die Notwendigkeit dieser Manieren bei einem natürlichen simplen Gesang.

17. §.

Will man nun diese im 14. und 15. § beschriebenen Manieren bei dem Exempel Tab. VI, Fig. 26, mit den puren Vorschlägen untermischen und nach ihnen anbringen, so kann es bei den Noten, worüber die Buchstaben stehen, nach folgender Anleitung geschehen. Die Manier bei Fig. 27 kann bei den Noten unter (c) (d) (f) (i) und (n) angebracht werden. Die bei Fig. 28 schickt sich unter die Note (k). Die bei Fig. 29 macht man bei den Noten unter (g) und (m). Die bei Fig. 30 lasse man bei (e), die bei Fig. 31 aber bei (b) hören. Die bei Fig. 32 kann man den Noten unter (a) und (l) und die bei Fig. 33 der Note unter (h) zugesellen. Es versteht sich von selbst, daß die Manieren an jedem Ort in den Ton versetzt werden müssen, welchen die Vorschläge zu erkennen geben.

Denjenigen Lesern, die sich mit dem Wesen dieser Verzierungen in der Alten Musik näher vertraut machen wollen, empfehle ich, sich die hier von Quantz genannten zusätzlichen Manieren in die „Figur 26" selbst einzutragen und beide Fassungen öfter zu spielen[20]. Die Ausführung der Vorschläge vor Achteln, denen zwei Sechzehntel folgen (Takt 3, 5, 11, 14, 15, 18, 19), läßt Quantz hier offen. Wie wir aber später im XVII. Hauptstück erfahren werden, erwartet er in solchen Fällen unbetonte, vorausgenommene Vorschläge, während Carl Philipp Emanuel Bach und die meisten anderen Autoren dagegen betonte Vorschläge, also solche auf den Schlag, verlangen: diese sollen dann aber bei Achtelnoten nicht als Sechzehntel, also sozusagen als lange Vorschläge, sondern als – von Johann Friedrich Agricola[21] ausdrücklich notierte – betonte Zweiunddreißigstel gespielt werden.

Im 19. Paragaphen warnt Quantz – wie übrigens auch alle anderen Verfasser von

Instrumental- und Vokalschulen – vor dem Mißbrauch, vor dem Zuviel an Verzierungen:

Es ist wahr, die oben beschriebenen Zierraten sind zum guten Vortrage höchst nötig. Dessen ungeachtet muß man doch sparsam mit ihnen umgehen, wenn man des Guten nicht zu viel tun will. Die rareste und schmackhafteste Speise macht uns Ekel, wenn wir ihrer zu viel genießen müssen.

Das IX. Hauptstück
Von den Trillern

1. §.
Die Triller geben dem Spielen einen großen Glanz und sind so wie die Vorschläge unentbehrlich. ...

2. §.
Nicht alle Triller dürfen in einerlei Geschwindigkeit geschlagen werden: sondern man muß sich hierin sowohl nach dem Ort, wo man spielt, als nach der Sache selbst, die man auszuführen hat, richten. Spielt man an einem großen Ort, wo es sehr schallt, so wird ein etwas langsamer Triller bessere Wirkung tun als ein geschwinder. Denn durch den Widerschall gerät die allzu geschwinde Bewegung der Töne in eine Verwirrung, und folglich wird der geschwinde Triller undeutlich.
Spielt man hingegen in einem kleinen oder tapezierten Zimmer, wo die Zuhörer nahe dabei stehen: so wird ein geschwinder Triller besser sein als ein langsamer. Man muß ferner zu unterscheiden wissen, was für Stücke man spielt, damit man nicht, wie viele tun, eine Sache mit der anderen vermenge. In traurigen Stücken muß der Triller langsamer, in lustigen aber geschwinder geschlagen werden.

3. §.
Man muß aber die Langsamkeit und die Geschwindigkeit hierin nicht aufs Äußerste treiben. Der ganz langsame Triller ist nur bei den Franzosen im Singen üblich; er taugt aber ebensowenig als der ganz geschwinde, zitternde, welchen die Franzosen chevroté (meckernd) nennen. Man darf sich nicht verführen lassen, wenn auch einige der berühmtesten und größten Sänger den Triller absonderlich auf die letztere Art schlügen. Manche halten diesen meckernden Triller aus Unwissenheit wohl gar für ein besonderes Verdienst; sie wissen aber nicht, daß ein mäßig geschwinder und gleichschlagender Triller viel schwerer zu erlernen ist als der ganz geschwinde zitternde, welcher folglich vielmehr für einen Fehler gehalten werden muß.

Einen solchen, in den meisten Fällen wohl unbeabsichtigten, Mecker-Triller hört man nicht nur bei manchen Bläsern, sondern gerade auch bei Streichern häufig. Die Fingerbewegung ist dann nicht richtig geführt, nicht gesteuert. Eine Übehilfe besteht darin, Triller, die eine reine Zweierfigur sind, um der gewünschten Gleichmäßigkeit willen in Dreierfiguren, also in Triolen zu üben.

6. §.
Die rechte Geschwindigkeit eines ordentlichen guten Trillers genau zu bestimmen, dürfte wohl etwas schwer fallen. Doch glaube ich, daß es weder zu langsam noch zu geschwind sein würde, wenn man einen langen Triller, der zum Schluß vorbereitet, so schlüge, daß der Finger in der Zeit eines Pulsschlages nicht viel mehr als vier Bewegungen und folglich acht solche Noten macht. ...

Das bedeutet also beispielsweise acht Zweiunddreißigstel auf ein Viertel zu M. M. 80.

7. §.
Jeder Triller nimmt von dem vor seiner Note, entweder von oben oder von unten zu nehmenden und im vorigen Hauptstück erklärten Vorschlag seinen Anfang. ...

Da Quantz über die Länge dieser Triller-Vorschläge nichts sagt, möchte ich noch hinzufügen, daß es hierfür keine feste Regel gegeben hat; die Bezifferung mancher schneller Sätze in Flötensonaten von Händel (z. B. Opus I, Sonate in h-moll, Vivace) macht aber deutlich, daß der Komponist hier bei Kadenztrillern lange Vorschläge erwartet. In langsamen Sätzen empfiehlt es sich aus musikalischen Gründen, den Triller organisch aus einem längeren Vorschlag zu entwickeln, ihn sozusagen etwas anlaufen zu lassen. Außerdem verweise ich hier auf das, was ich zum Paragraphen 10 des vorigen Hauptstücks bemerkt habe (S. 37).
Weiter heißt es hier:

> Die Endigung jedes Trillers besteht aus zwei kleinen Noten, so nach der Note des Trillers folgen und demselbem in gleicher Geschwindigkeit angehängt werden, s. Tab. VII, Fig. 2. Sie werden der Nachschlag genannt. Dieser Nachschlag wird bisweilen durch eigene Noten ausgedrückt, s. Fig. 3. Findet sich aber nur die simple Note allein, s. Fig. 4, so versteht sich sowohl der Vor- als Nachschlag darunter: weil ohne diese der Triller nicht vollkommen und brillant genug sein würde.

Leopold Mozart versteht unter der Beendigung eines Trillers nicht in erster Linie wie Quantz den Doppelnachschlag, sondern die angebundene Vorausnahme des auf den Triller folgenden Tons und erst in zweiter Linie den Doppelnachschlag.
Bach, Händel und Telemann haben diesen im allgemeinen in vollen Werten ausgeschrieben und erwarten also sonst nur einen ein-tönigen Nachschlag als Vorausnahme des folgenden Zieltons.
Zu der hier von Quantz nicht angeschnittenen Frage, ob diese letzteren Nachschläge im Sinne von Vorausnahmen an den Triller gebunden oder gestoßen werden sollten, wäre Folgendes zu bemerken: Findet sich am Schluß eines Trillers auf einer längeren Note kein Nachschlag notiert, so ist im allgemeinen ein solcher gebunden anzufügen. Man kann aber auch bei einem längeren Triller die Bewegung im Sinne des älteren französischen „point d'arrêt" etwa nach der Hälfte beenden und den Ton dann ohne Triller noch aushalten. Ist am Ende eines beispielsweise als punktiertes Viertel notierten Trillers, der die folgende Note vorausnehmende Nachschlag als Achtel notiert, so kann man ihn (vor allem bei fallenden Sekunden) an den Triller anbinden, da Vorausnahmen im allgemeinen zur vorhergehenden und nicht zur folgenden Note gehören. Doch ist es auch durchaus möglich, derartige Nachschläge hier wie bei steigenden Sekunden und in schnellen Sätzen zu stoßen. Nur wäre es ein Fehlschluß, aus der Tatsache, daß diese Nachschläge im allgemeinen ohne Bindebogen notiert wurden, zu folgern, daß sie daher auch immer gestoßen werden müßten.

9. §.
Da die vorhaltenden Noten oder Vorschläge des Trillers von zweierlei Art sind und sowohl aus ganzen als halben Tönen bestehen können: bei der Flöte aber das Aufheben des Fingers dem Gehör nach mehrenteils einen ganzen Ton ausmacht: so wird erfordert, daß man bei den aus halben Tönen bestehenden Trillern den Atem spare und den Finger gar nicht hoch aufhebe, doch aber geschwind schlage, damit man mit dem Gehör nur ein halben Ton bemerke. Man muß also die vorhaltende Note fest im Gedächtnis behalten und sie mit vollem Winde angeben.

Der Trillerbeginn mit einem betonten Vorschlag hatte einmal die Aufgabe, durch dessen Dissonanz mit dem Baß den Anfang zu akzentuieren. Wichtiger aber war gerade bei der alten Flöte noch folgendes: Da auf Grund der Bauart des Instruments im allgemeinen nur ganztönig getrillert werden konnte, mußte im Falle eines Halbton-Trillers der „mit vollem Winde" gespielte Vorschlag das beabsichtigte Intervall deutlich machen. Man war mit Recht davon überzeugt, daß das Ohr dann in den folgenden Triller das gewünschte Halbton-Intervall hineinhören würde.

Carl Philipp Emanuel Bach bemerkt in einem ähnlichen Zusammenhang: „Es kommen überhaupt bei der Musik viele Dinge vor, welche man sich einbilden muß, ohne daß man sie wirklich hört."[22]

Das X. Hauptstück

Was ein Anfänger bei seiner besonderen Übung zu beobachten hat

Da es sich bei diesem Hauptstück im großen und ganzen um eine Wiederholung von bereits Besprochenem handelt, möchte ich hier nur auf einzelne Sätze hinweisen, die auch noch für den heutigen Spieler von Bedeutung sind. So heißt es unter anderem im 3. Paragraphen: Der Anfänger

> ... gewöhne sich nicht an, aus Nachlässigkeit einen oder den anderen Finger der rechten Hand bei den Tönen, welche die linke Hand allein greift, auf den Löchern liegen zu lassen.

In diesem Sinne erweist sich gerade der vierte Finger der rechten Hand bei so manchen Spielern oft als „faul", indem er ohne jede Funktion einfach liegenbleibt. Übrigens sollte man die heute auf fast allen Flöten recht hohen Töne c^2 und vor allem das cis^2 besser durch den Ansatz als durch Finger der rechten Hand korrigieren.

> Den Kopf darf man in währendem Spielen nicht vorwärts herunter hängen, als wodurch das Mundloch gar sehr bedeckt und der Wind im Steigen verhindert wird.

Diese hier wiederholte Anweisung kann man sich gar nicht genug einprägen – besonders beim Spielen in der tiefen Tonlage.

> Die Bewegung der Brust oder Lunge muß er nicht faul gewöhnen, sondern den Wind durch eine abwechselnde Verstärkung und Mäßigung immer in Lebhaftigkeit zu unterhalten suchen: zumal im Allegro.

Diese Mahnung von Quantz sollten sich heute so manche Flötisten zu Herzen nehmen, die viel Alte Musik spielen und die schnellen Sätze oft recht langweilig und ohne die von Quantz geforderte „Lebhaftigkeit" sozusagen nur ablaufen lassen.

Die heute im Vergleich zum 18. Jahrhundert so gegensätzliche Einstellung des größten Teils der Liebhaber der zeitgenössischen Musik gegenüber wird durch folgende Bemerkung von Quantz im 21. Paragraphen veranschaulicht, die sich auf die Auswahl von Musikstücken bezieht: Der Anfänger

> ... darf sich nicht daran kehren, ob ein Stück ganz neu oder schon etwas alt ist. Es sei ihm genug, wenn es nur gut ist. Denn nicht alles, was neu ist, ist deswegen auch zugleich schön.

Wie sich doch die Zeiten ändern!

Das XI. Hauptstück

Vom guten Vortrag im Singen und Spielen überhaupt

Dieses Kapitel möchte ich vor allem den jüngeren Musikern ganz besonders empfehlen und ihnen nahelegen, sich eingehend damit zu befassen. Wie neben verschiedenen anderen Erscheinungsformen unseres heutigen Musiklebens allein schon die internationalen Wettbewerbe zeigen, leben wir in einer Zeit, in der die technische Beherrschung, die instrumentale Perfektion in einem schon beinahe sportlichen Sinne eindeutig den Vorrang hat vor dem Künstlerisch-Musikalischen. Und damit entsteht die Gefahr, daß der eigentliche Sinn der Musik verloren geht, nämlich das, was sie im Grunde zu der menschlichsten aller Künste hat werden lassen. Es ist ja keineswegs so – obwohl es manchmal so zu sein scheint –, als ob es sich hierbei um zwei einander ausschließende Zugänge zum Konzertieren handele: entweder technisch perfekt oder musikalisch überzeugend.

Durch die Bedeutung von Tonband und Schallplatte im heutigen Musikleben spielt der technische Aspekt jetzt fraglos eine größere Rolle als zu den Zeiten, als die Musik noch ausschließlich im Hause, in den Konzertsälen und Opernhäusern inmitten einer gleichgesinnten Zuhörer- und damit ja gleichzeitig auch Zuschauer-Gemeinschaft erlebt wurde.

Und im übrigen ist es eine Tatsache, daß technisch perfektes Spielen Musikern desto leichter fällt, je weniger sie über eine echte künstlerische Ausdrucksfähigkeit verfügen. Aber das Ziel muß selbstverständlich auch heute sein, sowohl mit großer technischer Souveränität als aber auch mit musikalisch-künstlerischer Überzeugungskraft zu konzertieren. Angesichts dieser Situation erscheint es mir nicht nur als sehr bedeutungsvoll, sondern als höchst beherzigenswert, was uns Quantz hier auch heute noch über das echte Musizieren zu sagen hat.

1. §.

Der musikalische Vortrag kann mit dem Vortrag eines Redners verglichen werden. Ein Redner und ein Musikus haben sowohl in Ansehung der Ausarbeitung der vorzutragenden Sachen als des Vortrags selbst einerlei Absicht zum Grunde, nämlich: sich der Herzen zu bemeistern, die Leidenschaften zu erregen oder zu stillen und die Zuhörer bald in dieser, bald in jenen Affekt zu versetzen. Es ist für beide ein Vorteil, wenn einer von den Pflichten des anderen einige Erkenntnis hat.

2. §.

Man weiß, was bei einer Rede ein guter Vortrag für Wirkung auf die Gemüter der Zuhörer tut; man weiß auch, wieviel ein schlechter Vortrag der schönsten Rede auf dem Papier schadet, man weiß nicht weniger, daß eine Rede, wenn sie von verschiedenen Personen mit ebendenselben Worten gehalten werden sollte, doch immer von dem einen oder anderen besser oder schlechter anzuhören sein würde als von dem anderen. Mit dem Vortrag in der Musik hat es gleiche Bewandnis: sodaß, wenn ein Stück entweder von einem oder dem anderen gesungen oder gespielt wird, es immer eine verschiedene Wirkung hervorbringt.

3. §.

Von einem Redner wird, was den Vortrag anbelangt, erfordert, daß er eine laute, klare und reine Stimme und eine deutliche und vollkommen reine Aussprache habe: daß er nicht einige Buchstaben miteinander verwechsele oder gar verschlucke: daß er sich auf eine angenehme Mannigfaltigkeit in der Stimme und Sprache befleißige: daß er die Einförmigkeit in der Rede vermeide, vielmehr den Ton in Silben und Wörtern bald laut, bald leise, bald geschwind, bald langsam hören lasse: daß er folglich bei einigen Wörtern, die einen Nachdruck erfordern, die Stimme erhebe, bei anderen hingegen wieder mäßige: daß er jeden Affekt mit einer verschiedenen, dem Affekt gemäßen Stimme ausdrücke: und daß er sich überhaupt nach dem Ort, wo er redet, nach den Zuhörern, die er vor sich hat, und nach dem Inhalt der Rede, die er vorträgt, richte, und folglich, z. E. unter einer Trauerrede, einer Lobrede, einer scherzhaften Rede u. d. gl. den gehörigen Unterschied zu machen wisse; daß er endlich auch eine äußerlich gute Stellung annehme.

4. §.

Ich will mich bemühen zu zeigen, daß alles dieses auch bei dem guten musikalischen Vortrag erfordert werde, wenn ich vorher von der Notwendigkeit dieses guten Vortrags und von den Fehlern, so dabei begangen werden, noch etwas werde gesagt haben.

Vor allem, aber nicht nur im Barockzeitalter, war man sich dessen bewußt, daß die Musik eine Sprache ist, in der man wie in einer Rede etwas ausdrücken, etwas den Zuhörern verständlich machen könne. Und in diesem Sinne hat man die Musik und auch das Musizieren immer schon mit der Rhetorik, also mit der Kunst der Rede in enge Verbindung gebracht und sie als eine „Klang-Rede" bezeichnet.

Zu beachten ist hier auch noch der Schlußsatz des 3. Paragraphen, in dem Quantz auf die wünschenswerte „äußerlich gute Stellung" eines Redners hinweist, die für jeden konzertierenden Musiker nicht nur dem Publikum, sondern gerade auch sich selbst gegenüber physisch wie nicht minder auch psychisch wichtig ist.

5. §.

Die gute Wirkung einer Musik hängt fast ebensoviel von den Ausführern als von dem Komponisten selbst ab. Die beste Komposition kann durch einen schlechten Vortrag verstümmelt, eine mittelmäßige aber durch einen guten Vortrag verbessert und erhoben werden.

Und Carl Philipp Emanuel Bach schließt sich dieser Ansicht als ein sehr aufmerksamer Leser von Quantzens „Versuch" mit fast denselben Worten an[23].

In der alten Zeit nahm der Ausübende, also der große Sänger oder Instrumentalist, in gewissem Sinne einen noch höheren Rang ein als der Komponist. Ähnlich verhält es sich heute im Jazz und in der Popmusik.

10. §.

Wir wollen nunmehr die vornehmsten Eigenschaften des guten Vortrags überhaupt untersuchen. Ein guter Vortrag muß zum ersten: *rein und deutlich* sein. Man muß nicht nur jede Note hören lassen, sondern auch jede Note in ihrer reinen Intonation angeben, damit sie dem Zuhörer alle verständlich werden. Keine einzige darf man auslassen. Man muß suchen, den Klang so schön wie möglich herauszubringen.

Dieses Prinzip des „reinen und deutlichen" Vortrags ist überall in der Kultur des Barock anzutreffen. Sie spiegelt sich auch im „Discours de la Méthode pour bien conduire la Raison et chercher la vérité des Sciences" des französischen Philosophen René Descartes (1596–1650) wider. Näheres findet der an solchen Fragen interessierte Leser in meinem Essay: „Über die Wiedergabe der Musik Johann Sebastian Bachs"[24].

Ein ebenfalls von Quantz erwähntes Prinzip, das auch in der Philosophie des Deutschen Gottfried Wilhelm Leibniz (1646–1716) eine große Rolle spielt, betrifft die Bedeutung, die in dieser Zeit gerade den kleinen und kleinsten Werten beigemessen wurde: im Gegensatz zur Musik der Spätromantik und des Impressionismus ist die Barockepoche die große Zeit der kleinen Werte.

12. §.

Ich muß hierbei eine notwendige Anmerkung machen, welche die Zeit, wie lange eine jede Note gehalten werden muß, betrifft. Man muß unter den Hauptnoten, welche man auch: anschlagende oder nach Art der Italiener: gute Noten zu nennen pflegt, und unter den durchgehenden, welche bei einigen Ausländern schlimme heißen, einen Unterschied im Vortrage zu machen wissen. Die Hauptnoten müssen allezeit, wo es sich tun läßt, mehr erhoben werden als die durchgehenden. Dieser Regel zur Folge müssen die geschwindesten Noten in einem jeden Stück von mäßigem Tempo oder auch im Adagio ungeachtet sie dem Gesichte nach einerlei Geltung haben, dennoch ein wenig ungleich gespielt werden; sodaß man die anschlagenden Noten einer jeden Figur, nämlich die erste, dritte, fünfte und siebente etwas länger anhält als die durchgehenden, nämlich die zweite, vierte, sechste und achte: doch muß dieses Anhalten nicht so viel ausmachen, als wenn Punkte dabei stünden. Unter diesen geschwindesten Noten verstehe ich: die Viertel im Dreihalbetakt, die Achtel im Dreiviertel- und die Sechzehntel im Dreiachteltakt, die Achtel im Alla breve, die Sechzehntel oder Zweiunddreißigstel im Zweiviertel- oder im gemeinen geraden Takt: doch nur so lange, als keine Figuren von noch geschwinderen oder noch einmal so kurzen Noten in jeder Taktart mit untermischt sind; denn alsdann müßten diese letzteren auf die oben beschriebene Art vorgetragen werden. Z. E. wollte man Tab. IX, Fig. 1, die acht Sechzehntel unter den Buchstaben (k) (m) (n) langsam in einerlei Geltung spielen, so würden sie nicht so gefällig klingen, als wenn man von vieren die erste und dritte etwas länger und stärker im Ton als die zweite und vierte hören läßt.

Die „Tabelle IX" findet der Leser auf Seite 50f.
Wie bereits früher erwähnt, wurde die gesamte Praxis der Wiedergabe im 18. Jahrhundert, im Gegensatz zu der des 19. Jahrhunderts und unserer Zeit, durch das Prinzip der Ungleichheit geprägt, wobei das Maßverhältnis auch heute Geschmackssache ist. Und Quantz kommt nun auf die Ausnahmen von diesem Ungleichheits-Prinzip zu sprechen:

Von dieser Regel aber werden ausgenommen: erstlich die Passagen in einem sehr geschwinden Zeitmaß, bei denen die Zeit nicht erlaubt, sie ungleich vorzutragen, und wo man also die Länge und Stärke nur bei der ersten von vieren anbringen muß. Ferner werden ausgenommen: alle geschwinden Passagen, welche die Singstimme zu machen hat, wenn sie anders nicht geschleift werden sollen: denn weil jede Note von dieser Art der Singpassagen durch einen gelinden Stoß der Luft aus der Brust deutlich gemacht und markiert werden muß, so findet die Ungleichheit dabei keine Statt. Weiter werden ausgenommen: die Noten über welchen Striche oder Punkte stehen, oder von welchen etliche nacheinander auf einem Ton vorkommen; ferner, wenn über mehr als zwei Noten, nämlich über vieren, sechsen oder achten ein Bogen steht; und endlich die Achtel in Giguen. Alle diese Noten müssen egal, was ist, eine so lang als die andere, vorgetragen werden.

Hier nennt Quantz mehrere Fälle, in denen die Ungleichheit überhaupt keine Anwendung findet. Weitere Ausnahmen bilden die bereits erwähnten Triolen und teilweise auch bestimmte Satztypen wie „Andante" und „Allemande", worüber aber bei den verschiedenen Autoren im Sinne der aufführungspraktischen Vielfalt keine Einigung herrscht: wie im kleinen also auch hier im großen bei der Frage möglicher Gleichheit wieder lebendige Ungleichheit!

13. §.

Der Vortrag muß auch: *leicht und fließend* sein. Wären auch die auszuführenden Noten noch so schwer: so darf man doch dem Ausführer diese Schwierigkeit nicht ansehen. Alles rauhe, gezwungene Wesen im Singen und Spielen muß mit großer Sorgfalt vermieden werden. Vor allen Grimassen muß man sich hüten und sich, so viel als möglich ist, in einer ständigen Gelassenheit zu erhalten suchen.

Es ist die wahre Kunst des Interpreten, auch schwere Stücke leicht erscheinen zu lassen. Erzeugt eine Wiedergabe den Eindruck, als handele es sich um ein technisch sehr schwieriges Stück, dann fehlt es dem Konzertisten an der vollen Beherrschung seiner Stimme oder seines Instruments, dann „spielt" er nicht im echten Wortverstande.

14. §.
Ein guter Vortrag muß nicht weniger: *mannigfaltig* sein. Licht und Schatten muß dabei ständig unterhalten werden. Wer die Töne immer in einerlei Stärke oder Schwäche vorbringt, und wie man sagt, immer in einerlei Farbe spielt, wer den Ton nicht zu rechter Zeit zu erheben oder zu mäßigen weiß, der wird niemanden besonders rühren. Es muß also eine stetige Abwechslung des Forte und Piano dabei beobachtet werden. Wie dieses bei jeder Note ins Werk gerichtet werden müsse, will ich, weil es eine Sache von großer Notwendigkeit ist, zu Ende des XIV. Hauptstücks durch Exempel zeigen.

Hier spricht Quantz von der Dynamik und weist auch hier auf die erwünschte Ungleichheit hin, die sich ebenfalls in jedem längeren einzelnen Ton auswirken sollte. Die wichtigste dynamische Verzierung war die „messa di voce", die aus einem Anschwellen, einem Aufblühen des Tons und seinem anschließenden Wieder-Abschwellen besteht.
Johann Friedrich Agricola[25] erwähnt in diesem Zusammenhang die „Schönheitslinie in den Körpern" und Hubert LeBlanc[26] veranschaulicht diesen Vergleich noch mit dem Hinweis auf ein „wohlgeformtes Damenbein". Aber auch alle anderen Töne sollten, wie Leopold Mozart sagt, eine „unmerkliche Schwäche" vor sich haben, „sonst würde es kein Ton, sondern ein unangenehmer und unverständlicher Laut sein"[27]. Diese Bemerkung, die sich also in erster Linie auf die Warnung vor zu harten Ton-Einsätzen bezieht, verdient deswegen besondere Beachtung, weil sich heute so manche auf die Alte Musik spezialisierte Sänger, Streicher und Bläser angewöhnt haben, entsprechende Töne grundsätzlich dynamisch (wie leider auch häufig intonationsmäßig) hochzudrücken und sie eben nicht nur „unmerklich" aufblühen zu lassen.

15. §.
Der gute Vortrag muß endlich: *ausdrückend und jeder vorkommenden Leidenschaft gemäß* sein. Im Allegro und allen dahin gehörigen munteren Stücken muß Lebhaftigkeit, im Adagio und denen ihm gleichenden Stücken aber Zärtlichkeit und ein angenehmes Ziehen und Tragen der Stimme herrschen. Der Ausführer eines Stückes muß sich selbst in die Haupt- und Nebenleidenschaften, die er ausdrücken soll, zu versetzen suchen. ...

Hier stoßen wir auf einen besonders wichtigen aufführungspraktischen Grundsatz der Barockzeit, der aber darüber hinaus auch für andere Epochen gültig ist: Singen und Spielen kann den Zuhörer nur dann wirklich anrühren, wenn der Musizierende selbst an der jeweiligen Empfindung teilhat, die er in der Musik auszudrücken versucht. Nur, wenn er sich selbst den jeweiligen Affekt glaubt, kann er ihn seine Zuhörer glauben machen.

17. §.
Es muß sich ein jeder hierbei auch nach seiner angeborenen Gemütsbeschaffenheit richten und dieselbe gehörig zu regieren wissen. Ein flüchtiger und hitziger Mensch, der hauptsächlich zum Prächtigen, Ernsthaften und zu übereilender Geschwindigkeit aufgelegt ist, muß beim Adagio suchen, sein Feuer, so viel als möglich ist, zu mäßigen. Ein trauriger und niedergeschlagener Mensch hingegen tut wohl, wenn er, um ein Allegro lebhaft zu spielen, etwas von jenem seinem überflüssigen Feuer anzunehmen sucht. Und wenn ein aufgeräumter oder sanguinischer Mensch eine vernünftige

Vermischung der Gemütsbeschaffenheiten der beiden vorigen bei sich zu machen weiß und sich nicht durch die ihm angeborene Selbstliebe und Gemächlichkeit, den Kopf ein wenig anzustrengen, verhindern läßt: so wird er es im guten Vortrag und in der Musik überhaupt am weitesten bringen. Bei wem sich aber von der Geburt an eine so glückliche Mischung des Geblüts befindet, die von den Eigenschaften der drei vorigen von jeder etwas an sich hat, der hat alle nur zu wünschenden Vorteile zur Musik: denn das eigentümliche ist allezeit besser und von längerer Dauer als das Entlehnte.

Gerade heute gewinnt dieser letzte Satz besondere Bedeutung: immer wieder mache ich die Erfahrung, daß gerade junge Musiker nicht den Mut zu sich selbst und zu ihrer persönlichen Auffassung haben, sondern beim Kopieren des einen oder anderen Lehrers stehen bleiben. Sicherlich ist das der einfachere und auch scheinbar kürzere Weg, der aber niemals weit führen kann. Zweifellos ist es beschwerlicher, sich von den verschiedenen Vorbildern nur anregen zu lassen und sich dann zu bemühen, einen eigenen, individuellen Wiedergabestil zu entwickeln, denn nur er kann die Zuhörer wirklich überzeugen.
Wer sich mit der (von Quantz zu Beginn dieses Paragraphen angesprochenen) Problematik der seelischen Grundtypen vertraut machen möchte, findet Näheres darüber in meinem Büchlein „Singen und Spielen; Versuch einer allgemeinen Musizierkunde"[28].

19. §.
Ein jeder Instrumentist muß sich bemühen, das Cantabile so vorzutragen, wie es ein guter Sänger vorträgt. Der Sänger hingegen muß im Lebhaften das Feuer guter Instrumentisten, so viel die Singstimme dessen fähig ist, zu erreichen suchen.

In allen Instrumentalschulen dieser Zeit wird immer wieder verlangt, daß die Gesangsstimme das Vorbild für alle Instrumente abgeben soll, und Quantz rät den Flötisten an anderer Stelle in diesem Sinne, möglichst auch selbst singen zu lernen. Andererseits sollen die Sänger ebenfalls die Instrumentalisten nachahmen – ein Begriff, der in der Ästhetik der Zeit eine große Rolle spielt.

Das XII. Hauptstück

Von der Art das Allegro zu spielen

3. §.
Der Hauptcharakter des Allegro ist Munterkeit und Lebhaftigkeit: so wie im Gegenteil der vom Adagio in Zärtlichkeit und Traurigkeit besteht.

Anders als im 19. Jahrhundert war im Barockzeitalter der Typ des „Allegro" (im Italienischen: heiter) von dem des „Adagio" (Mattheson: die Betrübnis) deutlich unterschieden. Das wirkte sich nicht allein im Tempo, sondern auch in allen anderen Teilgebieten der Aufführungspraxis (Dynamik, Artikulation, Rhythmus und Verzierungen) aus, wie ich in meiner Veröffentlichung: „Die Kunst der Verzierung im 18. Jahrhundert"[29] näher ausgeführt habe.

5. §.
Man muß sich bemühen, jede Note nach ihrer gehörigen Geltung zu spielen, und sich sorgfältig hüten, weder zu eilen, noch zu zögern. ... Das Übereilen der Passagen kann entstehen, wenn man, besonders

bei steigenden Noten, die Finger zu geschwind aufhebt. Um dieses zu vermeiden, muß man die erste Note der geschwinden Figuren ein wenig markieren und anhalten; ...: um so viel mehr, da immer die Hauptnoten ein wenig länger als die durchgehenden gehört werden müssen. Man kann zu dem Ende auch die Hauptnoten, worin die Grundmelodie liegt, dann und wann mit Bewegung der Brust markieren. ...

Die allgemeine Erfahrung lehrt uns, daß die Präzision der Finger beim Niederdrükken größer ist als beim Aufheben; Aufwärts-Skalen sauber zu spielen, ist daher für den Holzbläser im allgemeinen schwerer, für den Streicher dagegen leichter als entsprechende Abwärts-Skalen. Wie Quantz hier ganz deutlich sagt, verhilft das Markieren der „guten" Noten im Sinne der erwünschten Ungleichheit daneben aber auch noch dazu, nicht ins Eilen zu geraten.

10. §.
Bei den Triolen muß man sich wohl in acht nehmen, daß man sie recht rund und egal mache, nicht aber die zwei ersten Noten davon übereile: damit diese nicht klingen, als wenn sie noch einmal mehr geschwänzt wären; denn auf solche Art würden sie keine Triolen mehr bleiben. Man kann deswegen die erste Note einer Triole, weil sie die Hauptnote im Akkord ist, ein wenig anhalten: damit das Zeitmaß dadurch nicht übertrieben und der Vortrag folglich mangelhaft werde.

Auch heute hört man, und das nicht etwa nur bei älterer Musik, häufig Triolen (vor allem aufwärtsgehende), die nicht aus drei gleichen Teilen, sondern aus einer Vierergruppe, nämlich aus beispielsweise drei Sechzehntelnoten und einer Sechzehntelpause zu bestehen scheinen. In solchen Fällen empfehle ich, sich derartige Dreiergruppen im Sinne von Hemiolen als Zweiergruppen vorzustellen und sie dementsprechend zu üben und zu spielen (Näheres hierüber auf Seite 77).

11. §.
Bei aller Lebhaftigkeit, so zum Allegro erfordert wird, muß man sich dessen ungeachtet niemals aus seiner Gelassenheit bringen lassen. Denn alles, was übereilt gespielt wird, verursacht bei den Zuhörern eher eine Ängstlichkeit als eine Zufriedenheit. Man muß nur allezeit den Affekt, welchen man auszudrücken hat, nicht aber das Geschwindspielen zu seinem Hauptzweck machen.

Diese Mahnung von Quantz hat auch, ja gerade heute ihre Bedeutung nicht verloren: weil das nicht übereilte Ausspielen eines Allegro-Satzes im Grunde technisch wie vor allem auch musikalisch schwerer ist, werden solche Sätze heute so oft überhetzt, wobei die Töne meistens nicht mehr richtig klingen und der musikalische Sinn zu kurz kommt. Erfahrungsgemäß verlieren Forte-Passagen desto mehr an Klangstärke, je schneller sie gespielt oder gesungen werden; um eine solche, ja durchaus unerwünschte Wirkung auszugleichen, müssen derartige Tonfolgen deutlich stärker musiziert werden als entsprechende langsamere Partien.

14. §.
Die Triller müssen bei lustigen Gedanken munter und geschwind geschlagen werden. Und wenn in den Passagen einige Noten unterwärts gehen und es die Zeit erlaubt, so kann man dann und wann bei der ersten oder dritten Note halbe Triller anbringen: gehen aber die Noten aufwärts, so kann man sich der battements bedienen. ...

Natürlicherweise passen Triller und Pralltriller besser zur Abwärtsbewegung, Mordente dagegen zur Aufwärtsbewegung: Der Grund dafür liegt darin, daß andernfalls der Zielton der folgenden Note immer schon in der Verzierung selbst enthalten gewesen ist und daher nicht als ein neuer eintritt. Deshalb empfiehlt es sich auch im allgemeinen, Triller, die zu einem um eine Sekunde höheren Ton führen, nicht mit einem einfachen Vorausnahme-Nachschlag, sondern mit einem zunächst einmal abwärts führenden Doppelnachschlag zu beenden.

17. §.

Je tiefer die Sprünge in Passagen sind, je stärker müssen die tiefen Noten vorgetragen werden, teils, weil sie zum Akkord gehörige Hauptnoten sind, teils, weil die tiefen Töne auf der Flöte nicht so schneidend und durchdringend sind als die hohen.

Auf der alten Flöte war die Tiefe im allgemeinen das schwächere Register. Auch diese Anweisung hat somit sowohl eine stilistisch-musikalische als gleichzeitig auch eine instrument-technische Funktion.

19. §.

Wenn auf geschwinde Noten unvermutet eine lange folgt, die den Gesang unterbricht, so muß dieselbe mit besonderem Nachdruck markiert werden. Bei den folgenden Noten kann man die Stärke des Tons wieder etwas mäßigen.

Hier haben wir eine der verschiedenen Ausnahmen von der älteren Praxis vor uns, längere Töne nach Möglichkeit weicher zu beginnen und sie gegebenenfalls aufblühen zu lassen.

23. §.

Wenn der Hauptsatz (Thema) in einem Allegro öfters wieder vorkommt, so muß solcher durch den Vortrag von den Nebengedanken immer wohl unterschieden werden. Er mag prächtig oder schmeichelnd, lustig oder frech sein, so kann er doch durch die Lebhaftigkeit oder Mäßigung der Bewegungen der Zunge, der Brust und der Lippen, wie auch durch das Piano und Forte, dem Gehör immer auf verschiedene Art empfindlich gemacht werden. Bei Wiederholungen tut überhaupt die Abwechslung mit dem Piano und Forte gute Dienste.

Eine prinzipielle Regel der Zeit besagt, daß Wiederholungen immer im Sinne einer Überraschung zu verändern sind. Quantz führt diese Anweisung im 27. Paragraph noch näher aus:

Von willkürlichen Veränderungen leidet das Allegro nicht viel, weil es mehrenteils mit einem solchen Gesang und solchen Passagen gesetzt wird, worin nicht viel zu verbessern ist. Will man aber dennoch was verändern, so muß es nicht eher als bei der Wiederholung geschehen, welches in einem Solo, wo das Allegro aus zwei Reprisen besteht, am füglichsten angeht. Schöne singende Gedanken aber, deren man nicht leicht überdrüssig werden kann, ingleichen brillante Passagen, welche an sich selbst eine hinreichende gefällige Melodie haben, darf man nicht verändern: sondern nur solche Gedanken, die keinen großen Eindruck machen. Denn der Zuhörer wird nicht sowohl durch die Geschicklichkeit des Ausführers als vielmehr durch das Schöne, welches er mit Geschicklichkeit vorzutragen weiß, gerührt. Kommen aber durch das Versehen des Komponisten allzu öfters Wiederholungen vor, welche leicht Verdruß erwecken können: so ist in diesem Falle der Ausführer befugt, solches durch seine Geschicklichkeit zu verbessern. Ich sage verbessern, aber ja nicht verstümmeln. Manche glauben, wenn sie nur immer verändern, so sei der Sache schon geholfen, ob sie gleich da durch öfters mehr verderben als gut machen.

Dieser Hinweis ist besonders wichtig für die Musik von Antonio Vivaldi, in der Wiederholungen (zu denen ja auch Sequenzen gehören) einen echten Bestandteil seines Personalstils darstellen und hier auch keineswegs auf „das Versehen des Komponisten" zurückzuführen sind.

Das XIII. Hauptstück

Von den willkürlichen Veränderungen über die simplen Intervalle

Während sich Quantz im VIII. und IX. Hauptstück mit den Wesentlichen Manieren beschäftigt hat, wendet er sich jetzt den Willkürlichen Veränderungen zu. Im französischen Stil wurden diese meistens schon von den Komponisten selbst notiert, während es im italienischen „Geschmack" den Interpreten aufgegeben war, an entsprechenden Stellen freie Verzierungen anzubringen. Hiermit wurde aber damals sehr viel Mißbrauch getrieben: einmal, was die Art und Weise der Verzierungen anbetrifft, die oft nicht den Baß, also die jeweilige Harmonie berücksichtigten, und zum anderen, was deren Ausmaß anbelangt. Um dem Leser einen Eindruck von den zahlreichen Möglichkeiten dieser Verzierungskunst zu vermitteln, lasse ich hier als ein Beispiel die „Tabelle IX" folgen, auf der die zu Beginn einer jeden Figur notierten einfachen Intervalle mit ihrer Harmonisierung auf die verschiedenste Weise „willkürlich verändert", also variiert werden. Auf Grund einer solchen Musterkollektion von Verzierungsformeln konnte und kann sich nun ein jeder Sänger und Spieler die für ihn selbst wie für das in Frage kommende Stück geeigneten heraussuchen und sie entsprechend anwenden. Dabei sollte man aber Quantzens Rat im 9. Paragraphen beachten:

Die Veränderungen müssen nur allezeit erst unternommen werden, wenn der simple Gesang schon gehört worden ist: sonst kann der Zuhörer nicht wissen, ob es Veränderungen sind.

50

Das XIV. Hauptstück

Von der Art das Adagio zu spielen

2. §.

Man kann das Adagio in Ansehung der Art, dasselbe zu spielen und wie es nötig ist, mit Manieren auszuzieren, auf zweierlei Art betrachten: entweder im französischen oder im italienischen Geschmack. Die erste Art erfordert einen netten und aneinander hangenden Vortrag des Gesangs und eine Auszierung desselben mit den wesentlichen Manieren, als Vorschlägen, ganzen und halben Trillern, Mordenten, Doppelschlägen, battements, flattements u. d. gl., sonst aber keine weitläufigen Passagen oder Zusatz willkürlicher Verzierungen. Wer das Exempel Tab. VI, Fig. 26, langsam spielt, der hat daran ein Muster dieser Art zu spielen. Die zweite, nämlich die italienische Art besteht darin, daß man in einem Adagio sowohl diese kleinen französischen Auszierungen als auch weitläufige, doch mit der Harmonie übereinkommende gekünstelte Manieren anzubringen sucht. Das Exempel Tab. XVII, XVIII, XIX, wo diese willkürlichen Auszierungen alle mit Noten ausgedrückt sind, und wovon wir weiter unten weitläufiger handeln werden, kann hierbei zum Muster dienen.

Das im französischen Verzierstil notierte „Moderato", Tab. VI, Fig. 26, ist auf Seite 38 zu finden, und das im italienischen Stil ausgezierte „Adagio" folgt auf den Seiten 53 ff.

5. §.

Um nun ein Adagio gut zu spielen, muß man sich, so viel als möglich ist, in einen gelassenen und fast traurigen Affekt setzen, damit man dasjenige, so man zu spielen hat, in ebensolcher Gemütsverfassung vortrage, in welcher es der Komponist gesetzt hat. Ein wahres Adagio muß einer schmeichelnden Bittschrift ähnlich sein. Denn so wenig als einer, der von jemandem, welchem er eine besondere Ehrfurcht schuldig ist, mit frechen und unverschämten Gebärden etwas erbitten wollte, zu seinem Zwecke kommen würde: ebensowenig wird man hier mit einer frechen und bizarren Art zu spielen den Zuhörer einnehmen, erweichen und zärtlich machen. Denn was nicht vom Herzen kommt, geht auch nicht leichtlich wieder zum Herzen.

Und Beethoven hat in demselben Sinne dann 70 Jahre später in die Originalpartitur seiner „Missa solemnis" hineingeschrieben: „Vom Herzen – möge es wieder zum Herzen gehen!"

Jeder Sänger und Spieler sollte sich diesen Gedanken immer wieder ins Gedächtnis rufen und sein Musizieren danach einzurichten versuchen.

9. §.

Hierzu kann auch das abwechselnde Piano und Forte sehr vieles beitragen, als welches nebst dem, von kleinen und großen Manieren vermischten, geschickt abwechselnden Zusatz, hier, das durch den Spieler auszudrückende musikalische Licht und Schatten, und von der äußersten Notwendigkeit ist. Jedoch muß solches mit vieler Beurteilung gebraucht werden, damit man nicht mit allzu großer Heftigkeit von dem einen zum anderen gehe, sondern unvermerkt zu- und abnehme.

10. §.

Hat man eine lange Note entweder von einem halben oder ganzen Takt zu halten, welches die Italiener messa di voce nennen; so muß man dieselbe fürs erste mit der Zunge weich anstoßen und fast nur hauchen, alsdann ganz piano anfangen, die Stärke des Tons bis in die Mitte der Note wachsen lassen; und von da eben wieder so abnehmen bis an das Ende der Note: auch neben dem nächsten offenen Loch mit dem Finger eine Bebung machen.

Es handelt sich bei dieser „Bebung" um eine Art Finger-Vibrato, wie es schon 50 Jahre davor Hotteterre le Romain in seiner bereits erwähnten Flötenschule als „flattement" beschrieben hatte. Es wurde auch noch im 19. Jahrhundert von Anton Bernhard Fürstenau in der „Kunst des Flötenspiels" als „Klopfen" gelehrt[30]. Eine solche Bebung, wie sie auch auf dem Klavichord durch wechselnden Tastendruck üblich ist, konnte man entweder auf dem Rand des nächsten offenen Grifflochs oder auf dem ganzen übernächsten erzeugen.

11. §.

Die auf eine lange Note folgenden singenden Noten können etwas erhabener gespielt werden. Doch muß eine jede Note, sie sei ein Viertel oder Achtel oder Sechzehntel, ihr Piano und Forte in sich haben, nachdem es die Zeit leidet. Finden sich aber einige nacheinander gehende Noten, wo es die Zeit nicht erlaubt, eine jede besonders in der Verstärkung des Tons wachsen zu machen, so kann man doch unter währenden solchen Noten mit dem Ton zu- und abnehmen, sodaß etliche stärker, etliche wieder etwas schwächer klingen. Und diese Bewegung der Stärke des Tons muß mit der Brust, nämlich durch das Hauchen geschehen.

Wie weit wir heute diese sehr speziellen Anweisungen von Quantz bezüglich der bis in Sechzehntelpassagen hineinreichende dynamische Ungleichheit im Sinne unserer jetzigen Grundvorstellung von größerer Gleichheit überzeugend anwenden können und wollen, ist eine Frage der künstlerischen Einstellung und des Geschmacks, zumal ja alle solche Veränderungen „unvermerkt" geschehen sollen, wie es im 9. Paragraphen geheißen hatte.

12. §.

… Besonders muß man bei den vorkommenden Pausen den Ton nicht sogleich verlassen, sondern die letzte Note lieber etwas länger halten, als es das Zeitmaß derselben erfordert.

Dieser Satz betrifft ein ganz allgemeines Problem für alle Instrumentalisten und Sänger: der letzte Ton einer Phrase vor einer Pause wird oft nicht mehr zu Ende geführt, weil sich der Musizierende bereits wieder auf den Weitergang einstellt. Dadurch klingen solche Abschlußtöne nicht mehr richtig aus. Das fällt besonders dann unangenehm auf, wenn eine etwas längere Pause folgt und der Zuhörer diesen Fehler dadurch deutlich wahrnehmen kann.

In den hier nun folgenden Tabellen XVII bis XIX hat Quantz der unverzierten Fassung eines begleiteten Adagio eine der vielen möglichen verzierten gegenübergestellt.

Darüber hinaus finden wir in den Paragraphen 25 bis 43 in Worten ausgedrückte dynamische Bezeichnungen der ausgezierten Fassung, die ich hier in unsere Notierungsweise übertragen habe[31]. Und so, wie uns heute eine solche Art von Über-Dynamisierung ein wenig fremd anmutet, so verhält es sich auch ganz ähnlich mit dem Maß der Auszierung in diesem Adagio: ich habe durchaus Verständnis dafür, wenn dem einen oder anderen Leser die unverzierte Melodie womöglich noch besser gefällt als Quantzens Auszierung.

Zeitgenössische Gegenüberstellungen von einfacher Melodie und verzierter Fassung können Spieler und Sänger in meiner bereits erwähnten „Kunst der Verzierung im 18. Jahrhundert" und in den „Methodischen Sonaten" (Flöte oder Violine und Bc) von Telemann sowie in seinen „Trietti metodichi" (2 Flöten oder Violinen und Bc)[32] finden.

53

TAB: XVIII.

Cont:

An dieser Stelle scheint es mir nötig zu sein, mit Nachdruck darauf hinzuweisen, daß die hier aufgezeigten Möglichkeiten der Auszierung wohl für Werke der meisten zeitgenössischen Komponisten und damit auch und gerade für solche von Händel und Vivaldi in Frage kommen, im allgemeinen aber nicht für diejenigen Johann Sebastian Bachs: hier sollten sich Spieler und Sänger vielmehr in erster Linie auf die Hinzufügung der üblicherweise von Bach nicht notierten (weil sich hier von selbst verstehenden) Dominant-Trillern in harmonischen Kadenzen beschränken und nur gelegentlich einmal den einen oder anderen Vorschlag hinzusetzen. Bach hat zum einen – was ihm Zeitgenossen schon vorwarfen – die von ihm gewünschten Verzierungen meistens bereits selbst notiert: und zum anderen benötigen seine Werke nicht den Zusatz weiterer Verzierungen, die ihren Charakter eher beeinträchtigen könnten.

Das XV. Hauptstück

Von den Kadenzen

5. §.
Die Absicht der Kadenz ist keine andere, als die Zuhörer noch einmal bei dem Ende unvermutet zu überraschen und noch einen besonderen Eindruck in ihrem Gemüt zurückzulassen.

Es gehört zum Wesen einer Kadenz, daß sie so klingen sollte, als ob sie erst in diesem Augenblick vom Solisten improvisiert werden würde; überdies soll sie voll und ganz durch dessen künstlerische Individualität geprägt erscheinen. – Ich möchte hier noch anmerken, daß die von Quantz beschriebenen Kadenzen in erster Linie für die italienisch beeinflußte Musik der ersten Hälfte des 18. Jahrhunderts einen gewissen Modellcharakter besitzen, der im Grunde auch noch für die Konzerte der Mozart-Zeit gilt; hier können dann die Kadenzen umfangreicher sein, wenn auch immer – wie Quantz es schon selbst tut – vor allzu großer Länge gewarnt werden muß.

7. §.
Regeln von Kadenzen sind ... noch niemals gegeben worden. Es würde auch schwer fallen, Gedanken, die willkürlich sind, die keine förmliche Melodie ausmachen sollen, zu welchen keine Grundstimme stattfindet, deren Umfang in Ansehung der Tonarten, welche man berühren darf, sehr klein ist, und die überhaupt nur als ein Ungefähr klingen sollen, in Regeln einzuschließen.

Desto wichtiger ist es, daß sich Spieler und Sänger mit zeitgenössischen Beispielen vertraut machen, wie ich sie auch in meiner bereits erwähnten „Flötenlehre", Teil I, Nr. 164, abgedruckt habe; weitere ebenfalls für Holzbläser geeignete Kadenzen finden sich in: Giuseppe Tartini, Treatise on Ornaments in Music[33] und in: D. Lasocki/B. B. Mather, The Classical Woodwind Cadenza[34].

8. §.
Die Kadenzen müssen aus dem Hauptaffekt des Stückes fließen und eine kurze Wiederholung oder Nachahmung der gefälligsten Klauseln, die in dem Stück enthalten sind, in sich fassen. Zuweilen trifft sichs, daß man wegen Zerstreuung der Gedanken nicht sogleich etwas Neues zu erfinden weiß. Hier ist nun kein besseres Mittel, als daß man sich aus dem Vorhergehenden ein von den gefälligsten Klauseln erwähle und die Kadenz daraus bilde.

Hierzu ist einschränkend zu sagen, daß entgegen Quantz die oben erwähnten Beispiele zeigen, daß in dieser Zeit die meisten der überlieferten Kadenzen fast ausschließlich aus Skalenfiguren, Akkordfolgen und Verzierungen bestehen.

11. §.
Weder die Figuren, noch die simplen Intervalle, womit man die Kadenz anfängt und endigt, dürfen in der Transposition mehr als zweimal wiederholt werden, sonst werden sie zum Ekel. Ich will hierüber

zwei Kadenzen in einerlei Art zum Muster geben, s. Tab. XX, Fig. 1 und Fig. 2. In der ersten finden sich zwar zweierlei Figuren. Weil aber eine jede Figur viermal gehört wird: so empfindet das Gehör einen Verdruß darüber. In der zweiten hingegen werden die Figuren nur einmal wiederholt und wieder durch neue Figuren unterbrochen. Sie ist deswegen der ersteren vorzuziehen. Denn je mehr man das Ohr durch neue Erfindungen betrügen kann, je angenehmer gefällt es demselben. Es müssen folglich die Figuren immer in verschiedener Art mit einander abwechseln. In der ersten Kadenz findet sich überdies noch der Fehler, daß sie von Anfang bis zum Ende immer aus einerlei Taktart und Einteilung der Noten besteht, welches gleichfalls wider die Eigenschaft der Kadenzen läuft. Will man aus der zweiten Kadenz simple Intervalle machen, so darf man nur von jeder Figur die erste Note nehmen, s. Fig. 3, da sich denn diese zum Adagio, jene aber zum Allegro schickt.

Ich rate dringend, sich diese Beispiele – wie auch die folgenden drei – nicht nur anzuschauen, sondern sie auch zu spielen.

15. §.

Wie eine lustige Kadenz aus weitläufigen Sprüngen, lustigen Klauseln, untermischten Triolen und Trillern u. d. gl. gebildet wird, s. Tab. XX, Fig. 7, so besteht hingegen eine traurige fast aus lauter nahe aneinander liegenden, mit Dissonanzen vermischten Intervallen, s. Fig. 8. Die erste davon schickt sich zu einem muntern, die andere hingegen zu einem sehr traurigen Stück. Man muß sich hierbei wohl in acht nehmen, damit man nicht in ungereimte Mengereien und Verwechslungen des Lustigen und Traurigen verfalle.

Der jeweilige Affekt bestimmt also auch in der Kadenz die Größe der Intervalle, die Harmonie und die verschiedenen Verzierungen – hier wie überall auch sonst muß die Einheit des Affekts gewahrt bleiben.

17. §.

Die Kadenzen für eine Singstimme oder ein Blasinstrument müssen so beschaffen sein, daß sie in einem Atem genommen werden können. Ein Saiteninstrumentist kann sie so lang machen, als ihm beliebt, sofern er anders reich an Erfindung ist. Doch erlangt er mehr Vorteil durch eine billige Kürze als durch eine verdrießliche Länge.

Diese Regel für Bläser und Sänger sollte man nicht allzu wörtlich nehmen, zumal unsere heutigen Flöten mehr Atem verbrauchen als die alten. Aber es ist besser, wenn der Zuhörer das Einsetzen des obligaten Schlußtrillers bedauert, als daß er es dankbar begrüßt. Der Überlieferung nach haben damals manche Sänger-Kadenzen bis zu acht (!) Minuten gedauert.

18. §.

Ich gebe die hier befindlichen Exempel nicht für vollkommene und ausgearbeitete Kadenzen aus, sondern nur für Muster, wodurch man einigermaßen die Ausweichungen der Tonarten, die Zurückkehrungen in den Hauptton, die Vermischungen der Figuren und überhaupt die Eigenschaften der Kadenzen begreifen lernt ... Ihre größte Schönheit besteht darin, daß sie als etwas Unerwartetes den Zuhörer in eine neue und rührende Verwunderung setzen und die gesuchte Erregung der Leidenschaften gleichsam aufs höchste treiben sollen.

Es ist bezeichnend für den damaligen Zeitgeschmack, daß immer wieder Überraschung, Verwunderung durch den Musiker verlangt wird. Man erwartete von ihm, daß er im Zuhörer die Leidenschaften wohl erregen, dann aber auch wieder beruhigen sollte.
Nach den einstimmigen Kadenzen gibt Quantz nun einige Beispiele für zweistimmige Kadenzen:

32. §.

Nun ist noch übrig, die halbe Kadenz, bei welcher die Oberstimme durch die Grundstimme vermittelst der großen Septime gebunden und durch die Sexte in die Oktave aufgelöst wird, zu betrachten. Diese halbe Kadenz pflegt in der Mitte oder am Ende eines langsamen Satzes in der kleinen Tonart vorzukommen, s. Tab. XXI, Fig. 7. . . .

Solche halben Kadenzen sind des öfteren auch und gerade in Händel-Sonaten anzubringen.

Das Kapitel über die Kadenzen beschließend, möchte ich noch hinzufügen, daß ein jeder Spieler die uns überlieferten zeitgenössischen Kadenzen wohl auch selbst spielen sollte: deren eigentliche Funktion müßte es aber sein, ihm als Anregung für seine eigenen Kadenzen zu dienen.

Das XVI. Hauptstück

Was ein Flötist zu beobachten hat, wenn er in öffentlichen Musiken spielt

Obwohl inzwischen mehr als zwei Jahrhunderte verstrichen sind und das öffentliche Musikleben sich grundlegend gewandelt hat, so haben doch verschiedene der hier folgenden Anweisungen von Quantz auch heute noch nichts von ihrer Gültigkeit eingebüßt. Das beginnt bereits mit dem Einstimmen des Instruments durch den Flötisten:

3. §.
Muß er an einem kalten Ort spielen, so kann er die Flöte mit dem Clavizymbal gleichlautend stimmen. Bei sehr warmem Wetter aber muß er ein wenig tiefer stimmen: weil die Natur der Blasinstrumente der besaiteten ihrer in diesem Stück ganz entgegen ist. Die ersten werden durch die Wärme, folglich auch durchs Blasen höher; die anderen hingegen werden tiefer. Durch die Kälte geschieht das Gegenteil.

5. §.
An einem großen Ort, es sei in einem Opernhaus, in einem Saal, oder wo zwei, drei oder mehr eröffnete Zimmer nacheinander folgen, muß er die Flöte niemals von Weitem zu der von ihm entfernten Musik einstimmen, sondern allezeit in der Nähe. Denn der Klang der Töne erniedrigt sich in der Ferne, je weiter, je mehr. Wenn er in der Ferne recht rein zu stimmen glaubt, so würde er dennoch in der Nähe gegen die anderen zu tief sein.

6. §.
Bei kalter Witterung muß er die Flöte in gleicher Wärme zu erhalten suchen: sonst wird er bald tief, bald hoch stimmen.

Aber nicht nur bei Kälte, sondern bereits bei normaler Temperatur sollte man immer darauf bedacht sein, daß die Flöte in Pausen im Verhältnis zur eigentlichen Spieltemperatur nicht abkühlt. Um letzteres wie das damit verbundene Tieferwerden zu verhindern, haucht man bei etwa senkrecht gehaltenem Instrument und bei geschlossenen Deckeln des öfteren länger in das Mundloch, dessen Platte dadurch ebenfalls warm gehalten wird.
Die allgemeine Erfahrung lehrt übrigens, daß, – wenn man schon nicht genau stimmen kann – es besser ist, eher etwas zu hoch als zu tief zu sein (was im allgemeinen noch unangenehmer auffällt).

8. §.
Ist das Accompagnement sehr zahlreich: so kann der Flötist die Flöte zum Allegro ein wenig tiefer stimmen, sie etwas mehr auswärts drehen und folglich stärker blasen, damit er von dem Accompagnement, wenn es etwas unbescheiden sein sollte, nicht unterdrückt werde. Bei dem Adagio hingegen muß er so stimmen, daß er bequem, ohne die Flöte durch gar zu starkes Blasen zu übertreiben, spielen könne. ...

Wie bereits erwähnt, kann man zwischen diesen beiden Satztypen die Stellung des Flötenkopfes entsprechend korrigieren – aber natürlich möglichst unauffällig, was geübt sein will.

11. §.
Hat ein angehender Flötenspieler sich bei seiner bisherigen besonderen Übung angewöhnt, den Takt mit dem Fuß zu markieren: so muß er sich dessen bei öffentlichen Musiken so viel als möglich ist, enthalten. Ist er aber noch nicht im Stande, ohne diese Beihilfe sich im Takt zu erhalten, so tue er es

heimlich: um weder seine Schwäche bekannt, noch seine Accompagnisten verdrießlich zu machen. Sollte aber dennoch die Not bisweilen das Taktschlagen erfordern, wenn etwa der eine oder andere im Takt eilt oder zögert, wodurch der Konzertist gehindert wird, die Passagen rund, deutlich und in ihrer gehörigen Geschwindigkeit zu spielen: so suche er lieber durch etwas stärkeres Blasen und besonderes Markieren der Noten, welche in den Niederschlag des Taktes treffen, diesen Fehler zu bemänteln, als mit dem Fuß zu schlagen: welches nicht ein jeder vertragen kann.

Auch hier also wieder der Hinweis auf die nicht nur musikalische, sondern auch für einen rhythmisch etwas unsicheren Spieler hilfreiche Funktion des – zunächst einmal durch das Prinzip der Ungleichheit bedingten – Markierens.

13. §.

Ist der Flötist, der sich öffentlich will hören lassen, furchtsam und noch nicht gewohnt, in Gegenwart vieler Menschen zu spielen, so muß er seine Aufmerksamkeit in währendem Spielen nur allein auf die Noten, die er vor sich hat, zu richten suchen, niemals aber die Augen auf die Anwesenden wenden: denn hierdurch werden die Gedanken zerstreut, und die Gelassenheit geht verloren. Er unternehme nicht solche schwere Sachen, die ihm bei seiner besonderen Übung noch niemals gelungen sind; er halte sich vielmehr an solche, die er ohne Anstoß wegspielen kann. Die Furcht verursacht eine Wallung des Geblüts, wodurch die Lunge in ungleiche Bewegung gebracht wird und die Zunge und die Finger ebenfalls in eine Hitze geraten. Hieraus entsteht notwendigerweise ein im Spielen sehr hinderliches Zittern der Glieder; und der Flötenspieler wird also nicht im Stande sein, weder lange Passagen in einem Atem, noch besondere Schwierigkeiten so wie bei einer gelassenen Gemütsverfassung herauszubringen. Hierzu kommt auch wohl noch, daß er bei solchen Umständen, absonderlich bei warmem Wetter, am Munde schwitzt, und die Flöte nicht an gehörigem Ort fest liegen bleibt, sondern unterwärts glitscht: wodurch das Mundloch derselben zu viel bedeckt wird, und der Ton schwach wird. Diesem letzteren Übel bald abzuhelfen, wische der Flötist den Mund und die Flöte rein ab, greife nachdem in die Haare oder Perücke und reibe den am Finger klebenden feinen Puder an den Mund. Hierdurch werden die Schweißlöcher verstopft, und er kann ohne großes Hindernis weiter spielen.

Auch wenn wir heute keine gepuderten Haare oder Perücken mehr tragen, finde ich den letzten Punkt dieses, sich auf das Lampenfieber beziehenden Paragraphen so amüsant, daß ich ihn hier trotzdem zitiere. Er betrifft ja eine gelegentlich auch heute auftretende Schwierigkeit, wobei festzustellen ist, daß die Angst des Flötisten vor dem Abrutschen der Mundplatte die Schweißbildung ihrerseits noch verstärkt. Man kann sich dadurch helfen, daß man auf die Mundplatte ein Stückchen Papier oder auch Leukoplast klebt oder daß man – nach vorheriger Erprobung – ein Deodorant (Hydrofugal z. B.) benutzt.
Manche Flötisten leiden, wenn sie Lampenfieber haben, auch unter Trocken-werden des Mundes. Hier hilft es, vor dem Spielen eine Kleinigkeit zu essen, die richtig gekaut werden muß.
Daß die Instrumentalisten damals im allgemeinen – im Gegensatz zu den Sängern – nicht auswendig musiziert haben, mag auch damit zusammenhängen, daß die Zuhörer (durchaus anders als heute) eigentlich immer etwas Neues hören wollten, und so sind wohl auch die wenigsten Stücke mehrmals aufgeführt worden.

14. §.

Aus diesen Ursachen ist einem jeden, der vor einer großen Versammlung spielen muß, zu raten, daß er nicht eher ein schweres Stück zu spielen unternehme, als bis er fühlt, daß er sich in einer vollkommenen Gelassenheit befinde. Die Zuhörer können nicht wissen, wie ihm zu Mute ist, und beurteilen ihn also, zumal wenn es das erste Mal ist, daß er vor ihnen spielt, nur nach dem, was sie hören, nicht aber nach dem, was er vor sich auszuführen fähig ist. Es gereicht überhaupt allezeit zu größerem Vorteil, wenn man ein leichtes Stück reinlich und ohne Fehler, als wenn man das allerschwerste Stück mangelhaft spielt.

Gerade junge, ehrgeizige Musiker sollten sich den letzten Satz bei der Auswahl von Werken für Konzerte, Probespiele oder Wettbewerbe zu eigen machen.

16. §.
Hat einer durch viele Übung eine große Fertigkeit erlangt, so muß er dieselbe doch nicht mißbrauchen. Sehr geschwind und zugleich auch deutlich spielen, ist zwar ein besonderes Verdienst; es können aber gleichwohl öfters, wie die Erfahrung lehrt, große Fehler daraus entstehen. Man wird dergleichen insonderheit bei jungen Leuten, die weder die rechte reife Beurteilungskraft noch die wahre Empfindung haben, wie jedes Stück nach seinem eigentlichen Zeitmaß und Geschmack zu spielen sei, gewahr . . . .

Diese Gefahr des Zu-schnell-spielens ist auch heute – keineswegs aber nur bei jüngeren Musikern – oft anzutreffen und tritt vor allem dann auf, wenn der betreffende Konzertist nicht in der Lage ist, das jeweilige Stück musikalisch ganz zu erfassen und es dementsprechend nicht zu überhetzen.

18. §.
An einem großen Ort, wo es stark schallt und wo das Accompagnement zahlreich ist, macht eine große Geschwindigkeit mehr Verwirrung als Vergnügen.

Je mehr ein Raum hallt, desto mehr muß man sich vor dem Zu-schnell-spielen hüten und desto mehr das beachten, was ich über das Verhältnis von schnellem Tempo und Dynamik bemerkt habe (S. 48).

28. §.
Wenn der Flötist ein wohlgesetztes Ritornell in einem Arioso, welches mit Dämpfern oder sonst piano gespielt werden soll und dessen Melodie im Solo zu Anfang wieder vorkommt, mit der Flöte mitspielen wollte: so würde solches eben die Wirkung tun, als wenn ein Sänger das Ritornell einer Arie mitsänge, oder als wenn einer in einem Trio anstatt der Pausen des anderen seine Stimme mitspielte. Wenn man aber das Ritornell den Violinen allein überläßt, so wird das darauf folgende Solo der Flöte viel besseren Eindruck machen, als sonst geschehen würde.

Quantz spricht hier von einer Ausnahme; denn üblicherweise hat der Solist damals die in den Solostimmen auch fast immer notierten Tutti-Partien, also die Ritornelle eines Konzerts mitgespielt. Eine solche Praxis hängt auch damit zusammen, daß damals die begleitenden Streicherstimmen im allgemeinen allerhöchstens zwei- bis dreifach, ja anscheinend oft sogar nur einfach besetzt gewesen sind und die Instrumentalmusik im Normalfall nicht dirigiert wurde.
Übrigens findet sich dieselbe Notierungspraxis auch noch in den Bläser- und Streicherkonzerten von Mozart[35], in denen der Solist aber heute in Anbetracht der veränderten Besetzungsverhältnisse die Tutti-Teile nicht mitspielt.
Quantz beschließt dieses Hauptstück mit folgendem auch noch heute durchaus gültigen Gedanken:

33. §.
Obwohl der Beifall der Zuhörer zu einer Aufmunterung dienen kann, so muß man dessen ungeachtet durch das überflüssige Loben, welches bei der Musik zum Mißbrauch worden, . . . sich nicht verführen lassen. Man muß solches vielmehr, zumal, wenn man es von guten Freunden erhält, eher für eine Schmeichelei als eine Wahrheit annehmen. Die rechte Wahrheit kann man eher durch vernünftige Feinde als durch schmeichlerische Freunde erfahren.

Und um diesem Satz noch größeren Nachdruck zu verleihen, heißt es unter Hinweis auf diese Stelle im „Register" unter „Feinde": „wozu sie dienen". Gerade auch große Künstler sind bezüglich einer kritischen Beurteilung ihrer Leistung oft besonders empfindlich; und sie reagieren häufig desto heftiger, je mehr eine solche Kritik ihre eigenen Zweifel wachruft. Wie auch sonst im Leben: wer sich seiner Sache völlig sicher ist, der braucht sich über Widerspruch an sich nicht besonders aufzuregen; nur gehört es notwendigerweise zum wahren Begabt-Sein, mit sich selbst eben nicht zufrieden zu sein.

Das XVII. Hauptstück

Von den Pflichten derer, welche akkompagnieren oder die einer konzertierenden Stimme zugesellten Begleitungs- oder Ripienstimmen ausführen

Dieses Hauptstück ist der weitaus umfangreichste Teil des ganzen Schulwerks. Quantz beschäftigt sich in den einzelnen Abschnitten mit den Aufgaben des Leiters größerer Ensembles, mit denen der Geiger, der Bratschisten, der Cellisten, der Kontrabassisten und der Tasteninstrumentalisten und spricht schließlich von den wünschenswerten Eigenschaften sämtlicher Mitglieder eines solchen Begleit-Ensembles. Wenn hierbei auch die Flötisten nicht ausdrücklich mit einbezogen sind (weil sie in dieser Zeit in erster Linie mit solistischen Aufgaben betraut wurden), so ergeben sich trotzdem aus seinen diesbezüglichen Anweisungen derartig wichtige Bemerkungen für uns Bläser heute, daß es sich durchaus lohnt, die einzelnen Abschnitte dieses Hauptstücks daraufhin näher zu untersuchen.

1. §.
Wer die alte Musik gegen die neue und den Unterschied, der sich nur seit einem halben Jahrhundert her von zehn zu zehn Jahren darin geäußert hat, betrachtet, der wird finden, daß die Komponisten in Erfindung der zu lebhafter Ausdrückung der Leidenschaften erforderlichen Gedanken seit verschiedenen Jahren mehr als jemals nachsuchen und sie ins Feine zu bringen sich bemühen. ...

Wenn wir uns heute mit der Musik des 18. Jahrhunderts so eingehend beschäftigen, ist es gut, auch um die Einstellung dieser Zeit sich selbst gegenüber zu wissen; und dieser Satz zeigt uns ihre beneidenswerte Selbstsicherheit und Fortschrittsgläubigkeit und ihren Optimismus gerade auch in Sachen Musik. Bei Johann Mattheson heißt es gar: „Alte Musik – Gottlob verloren!"[36]
Im ersten Abschnitt erläutert Quantz die Eigenschaften eines „Anführers der Musik". Es handelt sich hier nicht um einen Dirigenten in unserem heutigen Sinne, sondern vorzugsweise um einen Geiger als Konzertmeister oder auch um einen Cembalisten; sie hatten von ihrem jeweiligen Platz aus das mehr oder minder große Ensemble zu leiten.
Im 16. Paragraphen dieses Abschnitts äußert sich Quantz zu Fragen der Besetzung. Im ersten Absatz heißt es:

Den Clavizymbal verstehe ich bei allen Musiken, sie seien kleine oder große, mit dabei.

Falls aber einmal ein Cembalo nicht zur Verfügung stehen sollte, ist es durchaus möglich, ein Stück für ein größeres Ensemble notfalls auch ohne ein Tasteninstrument aufzuführen – so, wie es auch schon damals teilweise in französischer Musik und bei Aufführungen im Freien üblich gewesen ist; gegebenenfalls können auch Violinen und Bratschen die notwendige Harmoniefüllung übernehmen (wie etwa im Polonaisen-Double der Bachischen h-moll-Suite mit Flöte, BWV 1067).

Neben seiner Funktion als Harmonie-Instrument hatte und hat das Cembalo auch die Aufgabe, die rhythmische Struktur des Basses durch seinen Perkussionsklang zu verdeutlichen.

Im 5. Paragraphen des zweiten Abschnitts über die Geiger schreibt Quantz:

> Man merke hier beiläufig, daß, wenn viele Figuren in einerlei Art nacheinander folgen und nur die erste davon mit Bogen bezeichnet ist, man auch die übrigen, solange keine andere Art Noten vorkommt, ebenso spielen müsse. Auf gleiche Art verhält sichs mit den Noten, worüber Striche stehen. Wenn nur etwa zwei, drei oder vier Noten damit bezeichnet sind, so werden doch die übrigen Noten, die darauf folgen und von selbiger Art und Geltung sind, ebendfalls staccato gespielt.

Hier ist noch hinzuzufügen, daß die Komponisten und ihre Kopisten damals derartig viele Noten zu schreiben hatten, daß sie sich natürlich die Arbeit zu erleichtern suchten. Man bedenke nur einmal, wie viel Johann Sebastian Bach in seinem Leben eigenhändig geschrieben hat – allein schon die reine Schreibarbeit bedeutet eine schier unvorstellbar große Leistung.

Und nun einige im 8. Paragraphen aufgeführte Regeln, die sich ohne Weiteres vom Streichinstrumentenspiel auf das der Blasinstrumente übertragen lassen.

> Diese Achtel, s. Tab. XXII, Fig. 3, müssen alle mit dem Bogen markiert und kurz gespielt werden; und, wenn Vorschläge auf dergleichen Noten folgen, muß die Note vor dem Vorschlag ebenfalls mit dem Bogen abgesetzt werden: um die zwei Noten, so auf eben dem Ton stehen, deutlich und unterschieden hören zu lassen.

Diese letzte Regel, die Quantz bereits früher erwähnt hatte (S. 27) bezieht sich auf alle Stellen, in denen ein Vorschlag die vorhergehende Note wiederholt – auch und gerade in langsamen Sätzen.

> Bei dieser Art Noten, s. Tab. XXII, Fig. 6, muß die letzte im Takt mit dem Bogen ein wenig abgesetzt werden, um solche von der im Niederschlage abzusondern. Die zweite Note im Takt, so an die erste geschleift wird, kann man etwas schwächer als die übrigen ausdrücken.

Das heißt: die dritte Note in einer Dreierfigur erhält im Sinne eines Auftakts eine leichte Betonung. Im damaligen Dreiertakt gab es sozusagen nicht nur einen, sondern zwei gute Zähler, nämlich den ersten und den dritten.

> In lustigen und geschwinden Stücken muß das letzte Achtel von einem jeden Takt mit dem Bogen markiert werden, s. Tab. XXII, Fig. 7, das erste G, das zweite E und das F.

Auch hier im Zweiertakt also bekommt das vierte Achtel als Auftakt einen leichten Akzent.

Wenn eine kurze Note an eine lange gebunden ist, s. Tab. XXII, Fig. 8, so muß die lange Note und nicht die kurze durch einen Druck mit dem Bogen markiert werden.

Entgegen seiner Anweisung für Flötisten (S. 31) lehnt Quantz hier – bei den Geigern – das Nachdrücken an entsprechenden Stellen ab: ein Beispiel dafür, daß er kein starres Regelwerk vermittelt, sondern daß er hier und da die für diese Zeit so typische lebendige Vielfalt walten läßt.

Wenn auf ein Achtel zwei Sechzehntel folgen, so muß das Achtel mit dem Bogen markiert und abgesetzt werden, als wenn ein Strich darüber stünde, s. Tab. XXII, Fig. 9.

Bei solchen Figuren besteht ganz allgemein die Gefahr, daß man nach dem Achtel die Sechzehntel zu früh bringt, und zwar vor allem dann, wenn sie aufwärts gehen: nach dem Achtel also lieber etwas warten!
Im 12. Paragraphen kommt Quantz auf den Unterschied zwischen Punkten und (senkrechten) Strichen über den Noten zu sprechen und fordert:

... daß nämlich die Noten mit den Strichen abgesetzt, die mit den Punkten aber nur mit einem kurzen Bogenstrich und unterhaltend gespielt werden müssen. ... Die Striche aber kommen mehr im Allegro als im Adagio vor.

Für die Bläser bedeutet diese Regel, daß Noten mit Staccato-Punkten weicher zu stoßen sind als solche, über denen senkrechte Striche stehen. Hier schließt sich folgende spezielle, uns im allgemeinen schon bekannte Regel an:

Wenn diese Art von Sechzehnteln, s. Tab. XXII, Fig. 21, im langsamen Zeitmaß schön vorgetragen werden sollen, so muß allezeit das erste von zweien sowohl im Zeitmaß als in der Stärke schwerer sein als das folgende.

Gebundene Paare gleicher kleinerer Werte sind also, vor allem (aber nicht nur) im langsamen Satz, nach Länge und Stärke etwas ungleich vorzutragen – eine Regel, die sinngemäß auch noch für die Musik der Klassik gilt. In besonderem Maße trifft diese Anweisung auf solche Paare zu, deren zweite „schlechte" Note die nächste erste („gute") vorausnimmt.

Im 14. Paragraphen schreibt Quantz:

> Wenn im langsamen Zeitmaß kleine halbe Töne unter den Gesang vermischt sind, s. Tab. XXII, Fig. 25, so müssen diejenigen, so durch ein Kreuz oder Wiederherstellungszeichen erhöht sind, etwas stärker als die übrigen gehört werden, welches durch stärkeres Aufdrücken des Bogens bei Saiteninstrumenten, bei dem Singen und den Blasinstrumenten aber durch Verstärkung des Windes bewerkstelligt werden kann. ... Überhaupt merke man, daß auch bei einem geschwinden Zeitmaß, wenn etliche Noten zu Vierteln oder halben Takten durch das Erhöhungszeichen erhöht oder durch das b erniedrigt werden, besonders wenn dergleichen stufenweise nacheinander entweder auf- oder abwärts folgen, s. Tab. XXII, Fig. 27, man dieselben unterhalten und mit mehrerer Stärke und Kraft als andere spielen müsse.

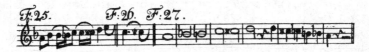

In der Musik dieser Zeit (wie überhaupt in tonaler Musik) müssen im allgemeinen unerwartet eintretende leiterfremde Töne und damit auch Trugwendungen („Betrügereien") mit einem gewissen Nachdruck gespielt und gesungen werden. Die mit ihnen verbundene „Überraschung" ist also im Sinne von „klar und deutlich" zu verstärken.

16. §.

> Wenn nach einer langen Note und kurzen Pause dreigeschwänzte Noten folgen, s. Tab. XXII, Fig. 29, so müssen die letzteren allezeit sehr geschwind gespielt werden, es sei im Adagio oder im Allegro. Deswegen muß man mit den geschwinden Noten bis zum äußersten Ende des Zeitmaßes warten, um das Gleichgewicht des Taktes nicht zu verrücken.
>
> Wenn im langsamen Alla breve oder auch im gemeinen geraden Takt eine Sechzehntelpause im Niederschlag steht, worauf punktierte Noten, s. Tab. XXII, Fig. 30, 31, folgen, muß die Pause angesehen werden, als wenn entweder noch ein Punkt oder noch eine halb so viel geltende Pause dahinter stünde und die darauf folgende Note noch einmal mehr geschwänzt wäre.

Gerade auch beim Spielen von Grave-Teilen französischer Ouvertüren und in Händel-Sonaten wird man sich an diese Regel erinnern.

17. §.

> Wenn ein langsames und trauriges Stück mit einer Note im Aufheben des Taktes anfängt, sie sei ein Achtel im gemeinen geraden oder ein Viertel im Alla breve-Takt, s. Tab. XXII, Fig. 32, 33, so muß dieselbe Note nicht zu hastig und stark, sondern mit einer gelassenen und langsamen Bewegung des Bogens auch mit zunehmender Stärke des Tons, angegeben werden: um den Affekt der Traurigkeit gehörig auszudrücken. ...

Also auch im langsamen Satz werden die Auftakte etwas hervorgehoben.
Im 20. Paragraphen heißt es zu Beginn:

> Die langen Vorschläge, so ihre Zeit mit der folgenden Note teilen, muß man im Adagio, ohne sie zu markieren, mit dem Bogen an der Stärke wachsen lassen und die folgende Note sacht daran schleifen, sodaß die Vorschläge etwas stärker als die darauf folgenden Noten klingen. Im Allegro hingegen kann man die Vorschläge etwas markieren.

Und im Anschluß daran finden wir eine Regel über die Ausführung bestimmter Vorschläge, die heute überraschenderweise auch unter Kennern der Aufführungspraxis Alter Musik so gut wie unbekannt ist:

> Die kurzen Vorschläge, zu welchen die, so zwischen den unterwärts gehenden Terzensprüngen stehen, gerechnet werden, müssen ganz kurz und weich und sozusagen nur wie im Vorbeigehen berührt werden. Z. E. diese, s. Tab. XXII, Fig. 36, 37, dürfen nicht angehalten werden, zumal im langsamen Tempo: sonst klingt es, als wenn sie mit ordentlichen Noten ausgedrückt wären, wie Fig. 38, 39, zu ersehen ist. Dieses aber würde nicht nur dem Sinn des Komponisten, sondern auch der französischen Art zu spielen, von welcher diese Vorschläge doch ihren Ursprung haben, zuwider sein. Denn die kleinen Noten gehören noch in die Zeit der vorhergehenden Note und dürfen also nicht, wie bei dem zweiten Exempel steht, in die Zeit der folgenden kommen.

Das bedeutet also, daß Quantz nicht nur, wie auch Leopold Mozart, terzausfüllende Vorschläge vorausgenommen haben will, sondern auch Vorschläge vor Achteln, denen zwei Sechzehntel folgen. Wie weit eine solche, damals durchaus nicht allgemeingültige Regel auch noch auf die Musik der Folgezeit (beispielsweise auf diejenige Mozarts) übertragen werden kann, bleibt der Probierfreudigkeit und dem Geschmack der Interpreten überlassen (siehe auch Seite 39).

23. §.
> Die zwei kleinen zweigeschwänzten Noten, s. Tab. XXII, Fig. 43, welche mehr im französischen als im italienischen Geschmack üblich sind, müssen nicht so langsam wie die oben beschriebenen, sondern präzipitant gespielt werden, wie Fig. 44 zu ersehen ist.

Solche als „Schleifer" bezeichnete Doppelvorschläge sind also kurz und betont auf den Schlag zu bringen und eben nicht vorauszunehmen.
Im 27. Paragraphen spricht Quantz über die Ausführung des „staccato" und bemerkt dazu:

Man muß sich aber bei diesen Noten nach dem Zeitmaß, ob das Stück sehr langsam oder sehr geschwind gespielt wird, richten und die Noten im Adagio nicht eben so kurz als die im Allegro abstoßen: sonst würden die im Adagio allzu trocken und mager klingen. Die allgemeine Regel, so man davon geben kann, ist diese: Wenn über etlichen Noten Strichelchen stehen, müssen dieselben halb so lange klingen, als sie an und für sich gelten. Steht aber nur über einer Note, auf welche etliche von geringerer Geltung folgen, ein Strichelchen: so bedeutet solches nicht nur, daß die Note halb so kurz sein soll, sondern daß sie auch zugleich mit dem Bogen durch einen Druck markiert werden muß.

Da in den meisten Kompositionen der Zeit überhaupt keine „Strichelchen", sondern nur Punkte vorkommen, können wir Quantzens Regel auf alle mit Staccato-Punkten bezeichneten Töne beziehen. Dabei versteht es sich von selbst, daß man in einem Adagio solche Noten keinesfalls ebenso kurz stößt wie in einem Allegro.
Und schließlich erwähnt Quantz in den Paragraphen 29 bis 31 den damals bei den Streichern bereits üblichen Gebrauch von Dämpfern (Sordinen) und die Anwendung des „pizzicato". Daher sind die Cellisten auch heute berechtigt, an dafür geeigneten Stellen in langsamen wie ebenfalls in schnellen Sätzen auch einmal statt „arco" „pizzicato" zu spielen.
Im 32. Paragraphen spricht Quantz noch einmal von der „Bebung", hier also vom Streicher-Vibrato, als etwas durchaus Bekanntem, das keiner näheren Erläuterung bedürfe.
Im nächsten Abschnitt über die Bratschisten, die damals vor allem reine Begleitfiguren auszuführen und dabei oft nur die Baßstimme zu oktavieren hatten, finden wir im 5. Paragraphen eine auch noch heute notwendige Mahnung:

> . . . und wer ein wahrer Musikus ist, der nimmt Anteil an der ganzen Musik, ohne sich zu bekümmern, ob er die erste oder die letzte Partie spielt.

Leider passiert es auch heute sehr häufig, daß Musiker, die „nur" eine Begleitstimme zu spielen haben, sich nicht ernsthaft darum bemühen, auch diese so gut und überzeugend – wenn natürlich auch nicht dynamisch so stark – wie eine Solostimme darzubieten. Vielmehr klingen derartige Stimmen oft uninteressiert und spannungslos, sie werden sozusagen nur „abgespult".
Im 5. Paragraphen des Abschnitts, der den Cellisten gewidmet ist, heißt es:

> Alle Noten müsen in der Lage, so wie sie gesetzt sind, gespielt und nicht einige bald eine Oktave höher, bald eine tiefer genommen werden.

Diese Vorschrift bezieht sich in erster Linie auf die Ausführung einer Basso continuo-Stimme und nicht auf die einer Solostimme, wie etwa auf diejenige einer Sonate oder eines Konzerts für Bläser oder Streicher. Wie wir einem Vergleich der beiden Fassungen des ersten Satzes der Flötensonate in e-moll von Händel aus dessen Opus I entnehmen können, spielte damals die jeweilige Oktavlage keine entscheidende Rolle. Sie konnte vom Interpreten unter bestimmten Umständen in gleicher Weise verändert werden, wie sie der Komponist, auch aus Gründen instrumentbedingter Umfangsbeschränkung und aus Rücksicht auf Schwierigkeiten mancher Liebhaberflötisten selbst abgeändert hat: Wichtig war und ist nur, daß die jeweilige Melodielinie klar und deutlich nachgezeichnet wird.
Der Abschnitt über die Kontrabassisten ist für die Aufführungspraxis ebenfalls lehrreich. Quantz erläutert, auf welche Weise sich ein Spieler – gegebenenfalls auch ein Cellist oder Cembalist – gewisse schnelle Baßfiguren erleichtern kann:

7. §.

Wenn in einem Basse solche Passagen vorkämen, die der Violonist deutlich zu spielen nicht im Stande wäre, so kann er von einer jeden Figur – sie mag zweimal oder dreimal geschwänzt sein – die erste, dritte oder letzte Note spielen. Er muß sich nur allezeit nach den Hauptnoten, so eine Baßmelodie ausmachen, zu richten suchen. Folgende Exempel geben dazu Anleitung, s. Tab. XXIII, Fig. 1, 2 und 3.

Besonders zu beachten ist hierbei wieder die klare und deutliche Gliederung auch kleiner Gruppen durch Auftakte.

Quantz beschreibt im 6. Paragraphen des Abschnitts über die „Klavieristen" folgende, auch heute noch zutreffende Erfahrung:

> Bei einem Trio muß der Klavierist sich nach den Instrumenten, die er zu begleiten hat, richten; ob solche schwach oder stark sind, ob bei dem Klavier ein Violoncell ist oder nicht, ob die Komposition galant oder gearbeitet ist, ob der Clavizymbal stark oder schwach, auf- oder zugedeckt ist, und ob die Zuhörer nahe oder entfernt sind. Denn der Clavizymbal rauscht und klingt zwar stark in der Nähe; in der Ferne aber wird er nicht so stark als andere Instrumente gehört. ...

Und weil das auch heute noch so ist, muß ein Cembalo auf dem Podium von den übrigen Mitwirkenden eher als zu laut empfunden werden – dann ist das Klangstärkenverhältnis für die Zuhörer im Saal in den meisten Fällen richtig. Darüber hinaus können wir diesem Paragraphen entnehmen, daß auch damals nicht immer der Baß durch ein Cello, eine Gambe oder ein Fagott verstärkt wurde. Quantz erwähnt im 9. Paragraph neben dem „Clavizymbal" auch schon das „Pianoforte", also den, ebenfalls Carl Philipp Emanuel Bach gut bekannten Hammerflügel – ein Instrumententyp, den auch sein Vater Johann Sebastian im Jahre 1747 in Potsdam anläßlich seines Besuchs bei Friedrich dem Großen bereits ausprobiert hatte. Daher ist es auch heute, wenn kein Cembalo zur Verfügung steht, nicht ausgeschlossen, Basso continuo- und vor allem Obligat-Partien notfalls auch einmal auf einem modernen Klavier ausführen zu lassen.

Im 12. Paragraphen dieses Abschnitts äußert Quantz einen Gedanken, der in seiner Tiefe weit über seine Bedeutung für die Musik hinaus für das allgemeine Erleben des Menschen aller Zeiten große Aussagekraft besitzt:

> Eben diese Erregung der abwechselnden Leidenschaften ist auch die Ursache, warum die Dissonanzen überhaupt stärker als die Konsonanzen angeschlagen werden müssen. Die Konsonanzen setzen das Gemüt in eine vollkommene Ruhe und Zufriedenheit, die Dissonanzen hingegen erwecken im Gemüt einen Verdruß. Wie nun ein niemals unterbrochenes Vergnügen, es sei von welcher Art es wolle, unsere Empfindungskräfte dermaßen schwächen und erschöpfen würde, daß das Vergnügen endlich aufhören würde, ein Vergnügen zu sein: also würden auch lauter Konsonanzen in einer langen aufeinander folgenden Reihe dem Gehör endlich einen Ekel und Verdruß verursachen, wenn sie nicht dann und wann mit Übelklängen, dergleichen die Dissonanzen sind, vermischt würden. Je mehr nun eine Dissonanz im Spielen von den anderen Noten unterschieden und empfindlich gemacht wird, je

mehr greift sie das Gehör an. Je verdrießlicher aber die Sache ist, welche unser Vergnügen stört, je angenehmer kommt uns das darauf folgende Vergnügen vor. Je härter also der Verhalt der Dissonanzen ist, je gefälliger ist ihre Auflösung. Ohne diese Vermischung des Wohlklangs und des Überklangs würde in der Musik kein Mittel übrig sein, die verschiedenen Eigenschaften augenblicklich zu erregen und augenblicklich wieder zu stillen.

Als eine klingende Verdeutlichung dieser in Worte gefaßten Gedanken finden wir auf der Tabelle XXIV ein von Quantz komponiertes „Affettuoso" für Flöte und Basso continuo. In der Baßstimme hat er die verschiedenen, durch die jeweiligen Konsonanzen und Dissonanzen erforderten Dynamik-Grade genau notiert.

Der letzte Abschnitt dieses XVII. Hauptstücks trägt die Überschrift

Von den Pflichten, welche alle begleitenden Instrumentisten überhaupt in acht zu nehmen haben

Hier behandelt Quantz zunächst Probleme der Stimmung eines größeren Ensembles. Sie wirkten sich damals allein schon deswegen viel gravierender als heute aus, weil es noch keinen mehr oder minder einheitlichen Stimmton, sondern eine Vielzahl davon gegeben hat, die innerhalb einer großen Terz schwankten und die teilweise sogar noch höher, aber öfter auch tiefer als unser heutiges A gewesen sind. Für die Bläser wiederholt Quantz im 5. Paragraphen seine diesbezüglichen Anweisungen für Flötisten:

> Die Blasinstrumente können bei warmer Witterung ein wenig tiefer als die Violinen einstimmen, weil sie sich in währendem Blasen erhöhen; da hingegen die mit Saiten bezogenen Instrumente sich durch die Wärme erniedrigen.

Das gilt natürlich auch heute noch.
Sowohl musikalisch als auch psychologisch trifft heute ebenfalls noch zu, was Quantz im 8. Paragraphen feststellt:

> Mancher empfindet durch das angeborene Gehör, wenn ein anderer falsch spielt: wenn er aber eben denselben Fehler selbst begeht, wird er es entweder nicht gewahr oder er weiß sich nicht zu helfen.

Das heißt: spielt oder singt man selbst, nimmt man seine eigenen Intonationsmängel im allgemeinen nicht so deutlich wahr wie die Mitspieler. Beim Abhören eigener Aufnahmen dagegen fallen sie einem manchmal sogar noch stärker auf als den anderen.
Quantz fährt dann fort:

> Das beste Mittel, sich aus dieser Unwissenheit zu reißen, ist das Monochord oder der Klangmesser. Auf diesem kann man die Verhältnisse der Töne am allerdeutlichsten erkennen lernen.

Heute verfügen wir über elektronische Stimmgeräte, die bei Kammermusik-Proben wie beim Üben gute Dienste leisten können.
Der 17. Paragraph bietet wieder ein anschauliches Beispiel für Quantzens Fähigkeit, musikalische Verhaltensweisen mit allgemein-menschlichen zu verbinden. So äußert er sich über die Bedeutung der Affekte beim Musizieren folgendermaßen:

> Zur Beförderung des übereinstimmenden Vortrags dient noch eine Regel, die einem jeden, der ein guter Musikus und insbesondere ein geschickter Accompagnist werden will, anzupreisen ist: Er muß sich, so lange er ein musikalisches Stück auszuführen hat, der Verstellungskunst befleißigen. Diese Verstellungskunst ist nicht nur erlaubt, sondern sogar höchst nötig und tut in der Sittenlehre keinen Schaden. Wer sich bemüht, im ganzen Leben seiner Leidenschaften, so viel als möglich ist, Meister zu sein, dem wird es auch nicht schwer fallen, sich – wenn er spielen soll – allezeit in den Affekt, welchen das auszuführende Stück verlangt, zu setzen. Alsdann wird er erst recht gut und gleichsam allezeit aus der Seele spielen. Denn wer diese löbliche Verstellungskunst nicht versteht, der ist noch kein wahrer Musikus, sondern nicht besser als ein gemeiner Handwerker: wenn er auch alle Kontrapunkte aus dem Grunde verstünde, oder auf seinem Instrument alle möglichen Schwierigkeiten zu spielen wüßte. Mancher aber übt leider die verbotene Verstellungskunst im gemeinen Leben sehr häufig, die erlaubte bei der Musik aber nur sehr selten aus.

Im 19. Paragraphen beschäftigt sich Quantz noch einmal mit der großen Bedeutung der Dynamik für die überzeugende Wiedergabe eines Stücks.

> Die genaue Ausdrückung des Forte und Piano ist eines der nötigsten Stücke in der Ausführung. Die Abwechslung des Piano und Forte ist eins der bequemsten Mittel, nicht nur die Leidenschaften deutlich vorzustellen, sondern auch Licht und Schatten in der Musik zu unterhalten. Wenn solches in gehörigem Verhältnis und zu rechter Zeit von einem jeden beobachtet würde: so möchte manches Stück bei den Zuhörern eine bessere Wirkung tun, als öfters nicht geschieht. Man sollte glauben, daß nichts leichter sei, als nach Anzeige zweier Buchstaben stark oder schwach zu spielen. Dennoch wird dieses so wenig in acht genommen, daß bei manchem noch eine mündliche Erinnerung deswegen nötig wäre.

Erfahrungsgemäß ist es heute vor allem das Piano, das beim Solospiel wie in der Kammermusik und ebenfalls im Orchester zu wenig beachtet wird. Erstens hängt dies mit überall anzutreffenden Tendenzen in der modernen Welt zusammen, und zweitens ist es eine Tatsache, daß es den meisten Musikern besonders schwer fällt, ein gut klingendes Piano zu erzeugen.

> 26. §.
> Bei Wiederholung oder Ähnlichkeit der Gedanken, die aus halben oder ganzen Takten bestehen, es sei in ebendenselben Tönen oder in einer Versetzung, kann die Wiederholung eines solchen Satzes etwas schwächer als der erste Vortrag derselben gespielt werden.

Diese Tendenz, Wiederholungen oder auch Sequenzen im Sinne eines Echos eher leiser zu spielen, verwandelte sich dann im 19. Jahrhundert in das Gegenteil: zu dieser Zeit musizierte man entsprechende Stellen im Sinne einer Bestätigung, Bekräftigung, also eher „più forte".
Auf das Thema Dynamik kommt Quantz im 28. Paragraphen noch einmal zu sprechen:

> Ein Hauptsatz (Thema) zumal in einer Fuge, muß in einer jeden Stimme und zu allen Zeiten, wenn er unvermutet eintritt, mit Nachdruck markiert werden; besonders, wenn der Anfang davon aus langen Noten besteht. Es findet dabei weder eine Schmeichelei im Spielen noch einiger willkürlicher Zusatz von Noten statt. Wenn im Fortgang der Fuge keine Pausen vor dem Eintritt vorhergehen, kann man die vorhergehenden Noten in der Stärke etwas mäßigen.

Diese Regel verdeutlicht den Charakter der im Barock allgemein üblichen Stufen-(Terrassen-)Dynamik, die weniger Übergänge kannte als vielmehr das klare und deutliche Absetzen der einzelnen Stufen voneinander.
In den nun folgenden Paragraphen 31 bis 58 befaßt sich Quantz eingehend mit dem „Zeitmaß", also mit dem Tempo.
Hier möchte ich vorausschicken, daß sich zusammen mit den anderen Eigenschaften des Menschen, auch seine Empfindung für das Tempo von Epoche zu Epoche wandelt. Wir wissen, daß im Barockzeitalter die Tempi im allgemeinen schneller gewesen sind, als wir sie heute empfinden. Es versteht sich von selbst, daß wir trotz dieses Sachverhalts auch Werke des 18. Jahrhunderts nur in dem Tempo musizieren können, das wir heute für angemessen halten. In diesem Zusammenhang wäre auch noch anzumerken, daß die Musik dieser Zeit bis jetzt noch ganz im Sinne der Romantik im allgemeinen eher etwas ruhiger gespielt und gesungen worden ist.
Das Tempo eines Stückes wird aber über den grundsätzlichen Wandel der Tempo-

Empfindung im Laufe der Entwicklung hinaus auch noch von so manchen anderen Faktoren wie Größe und Akustik der Räume, von der Besetzungsgröße, von der Art und Weise der Instrumente oder Stimmen und nicht zuletzt auch von den individuellen Fähigkeiten der einzelnen Musizierenden beeinflußt. Unter diesen verschiedenen Gesichtspunkten sind also die diesbezüglichen Anweisungen von Quantz in erster Linie als Verhältniszahlen und als Richtwerte zu betrachten und anzuwenden.

Außerdem ist noch zu bedenken, daß es, um nur ein Beispiel zu nennen, durchaus nicht nur einen einzigen Typus „Menuett", sondern verschiedene gegeben hat.
Vor dem Abschnitt über das Tempo selbst finden wir im 37. Paragraphen noch folgende Mahnung, die beim Musizieren langsamer Sätze auch heute ihre Gültigkeit noch nicht verloren hat:

> Weil die Art ein Adagio zu spielen, erfordert, daß der Konzertist sich von den begleitenden Stimmen vielmehr schleppen lasse, als daß er ihnen vorausgehe, und es also öfters den Schein hat, als wolle er das Stück langsamer haben: so müssen die Accompagnisten sich nicht dadurch verführen lassen, sondern das Tempo festhalten und nicht nachgeben: es wäre denn, daß der Konzertist deswegen ein Zeichen gäbe. Widrigenfalls würde man zuletzt in eine Schläfrigkeit verfallen.

Und da in einem solchen Falle grundsätzlich die Gefahr besteht, daß der Solist desto langsamer wird, je kantabler die Melodie ist, sollte man es sich zur Regel machen, in langsamen Sätzen bei Einschnitten eher wieder etwas voranzugehen. Für schnelle Sätze gilt dementsprechend das Gegenteil: Hier empfiehlt es sich, das Tempo an solchen Stellen eher wieder etwas zu beruhigen.
Die Länge einer Fermate – ein Aushalten „nach Belieben" – konnte und kann nicht eindeutig festgelegt werden. Quantz bemerkt dazu im 43. Paragraphen:

> Wie lange man nach einer Fermate oder Generalpause, welche durch einen Bogen mit dem Punkt über einer Note oder Pause angedeutet wird, innehalten soll, ist eigentlich keine gewisse Regel gegeben.

Eine Fermate innerhalb eines Satzes kann die Möglichkeit andeuten, hier eine Kadenz anzubringen. Davon auszunehmen ist aber eine Fermate, die in einem Satz in Da capo-Form auf dem Schlußton des ersten Teils steht, der nach dem nun folgenden Mittelteil dann – was meistens nicht mehr ausgeschrieben wurde – wiederholt wird. In einem solchen Falle beachtet man die Fermate nur am Schluß des Satzes, nicht aber vor dem Mittelteil. Die Komponisten damals – und gerade auch Johann Sebastian Bach – haben sonst aber deutlich unterschieden zwischen Schlußtönen und -akkorden mit und ohne Fermate: mit diesem Zeichen versehen, sollten solche Schlüsse im allgemeinen länger als heute üblich ausgehalten werden. Schlußtöne ohne Fermate dagegen sind genau so lange auszuhalten, wie es das natürlicherweise ritardierte Zeitmaß verlangt. In langsamen Sätzen können Schlußtöne mit einer „messa di voce" ausgeziert werden, während man die Schlußtöne schneller Sätze keineswegs decrescendieren, sondern im Gegenteil eher noch leicht crescendieren sollte, um den Gewöhnungseffekt des Ohres gegenüber solchen längeren Werten auszugleichen; sonst besteht die Gefahr, daß sie diminuiert erscheinen.
Als Maß für das Tempo verwendet Quantz nicht die Werte eines mechanischen Geräts, also eines Metronoms; er berichtet, daß ein solches Instrument wohl vor 50 Jahren erfunden worden sei, inzwischen aber wieder „in allgemeine Vergessenheit" geraten wäre. Vielmehr legt er seinen Tempo-Angaben ein organisches, ein auf

den Menschen bezogenes Maß zugrunde, nämlich „den Pulsschlag an der Hand eines gesunden Menschen", wobei er etwas später – im 55. Paragraphen – näher erläutert:

Man setze denjenigen Puls, welcher in einer Minute ungefähr achtzigmal schlägt, als Richtschnur.

Das ist eine Größe, die unserem heutigen M.M.=80 entspricht.

Quantz teilt nun die verschiedenen Satztypen mit ihren verschiedenen Taktarten in vier Gruppen ein, die von der schnellsten, dem Allegro assai (Allegro di molto, Presto, usw.) über das Allegretto (Allegro ma non tanto, non troppo, non presto, Moderato usw.) und das Adagio cantabile (Cantabile, Arioso, Larghetto, Soave, Dolce, Poco andante, Affettuoso, Pomposo, Maestoso, alla Siciliana, Adagio spirituoso usw.) bis zur langsamsten Gruppe, dem Adagio assai (Adagio pesante, Lento, Largo assai, Mesto, Grave usw.) reichen. Die Tempi der vier Gruppen stehen untereinander in ganzzahligen Verhältnissen, wie sich sogleich bei den Pulsangaben zeigen wird.

In einer Anmerkung zum 50. Paragraphen lesen wir:

Was in vorigen Zeiten recht geschwind gehen sollte, wurde fast noch einmal so langsam gespielt als heutigen Tages. Wo Allegro assai, Presto, Furioso usw. dabei stand, das war ebenso geschrieben und wurde fast nicht geschwinder gespielt, als man heutigen Tages das Allegretto schreibt und ausführt. Die vielen geschwinden Noten in den Instrumentalstücken der vorigen deutschen Komponisten sahen alle viel schwerer und gefährlicher aus, als sie klangen. Die heutigen Franzosen haben die Art der mäßigen Geschwindigkeit in lebhaften Stücken noch größtenteils beibehalten.

Quantz bestätigt hier also meine Auffassung von der Veränderung der Tempo-Empfindung im Wandel der Epochen. Er bestätigt gleichfalls das Vorhandensein nationaler Tempo-Unterschiede: In Frankreich wären, wie er sagt, zu seiner Zeit die Tempi schneller Sätze langsamer als sonst üblich gewesen.

Dann fährt er fort:

51. §.

Um nun auf die Hauptsache zu kommen, nämlich: wie jede von den angeführten Arten des Taktes durch Vermittlung des Pulsschlages in ihr gehöriges Zeitmaß gebracht werden kann, so ist zu merken: daß man vor allen Dingen sowohl das zu Anfang des Stückes geschriebene, das Zeitmaß andeutende Wort, als auch die geschwindesten Noten, woraus die Passagen bestehen, betrachten müsse. Weil man nun mehr als acht ganz geschwinde Noten nicht wohl – es sei mit der Doppelzunge oder mit dem Bogenstrich – in der Zeit eines Pulsschlages ausüben kann, so kommt:

Im gemeinen geraden Takt:

    In einem Allegro assai auf jeden halben Takt die Zeit eines Pulsschlags;
    In einem Allegretto auf ein jedes Viertel ein Pulsschlag;
    In einem Adagio cantabile auf ein jedes Achtel ein Pulsschlag;
    Und in einem Adagio assai auf jedes Achtel zwei Pulsschläge.

Im Allabrevetakt kommt:

    In einem Allegro auf jeden Takt ein Pulsschlag;
    In einem Allegretto auf jeden halben Takt ein Pulsschlag;
    In einem Adagio cantabile auf jedes Viertel ein Pulsschlag;
    In einem Adagio assai auf ein jedes Viertel zwei Pulsschläge.

Danach sind die schnellsten spiel- und sangbaren Notenwerte für Quantz also acht Zweiunddreißigstel auf ein Viertel = M.M.80. Demgegenüber hatte übrigens Marin

Mersenne ein Jahrhundert zuvor in seinem theoretischen Hauptwerk festgestellt, daß man in demselben Tempo etwa elf Töne singen oder spielen könne[37]. Weiter heißt es in diesem Paragraphen:

> Es gibt vornehmlich im gemeinen geraden Takt eine Art von gemäßigtem Allegro, welche gleichsam zwischen dem Allegro assai und dem Allegretto das Mittel ist. Sie kommt öfters in Singsachen, auch bei solchen Instrumenten vor, welche die große Geschwindigkeit in den Passagen nicht vertragen, und wird mehrenteils durch Poco allegro, Vivace oder meistenteils nur Allegro allein angedeutet. Hier kommt auf drei Achtel ein Pulsschlag, und der zweite Pulsschlag fällt auf das vierte Achtel.

Besonders wichtig ist hier der Hinweis darauf, daß in der Musik dieser Zeit ein „Vivace" gewichtiger, ruhiger zu musizieren ist als ein übliches „Allegro". Im Gegensatz dazu bedeutet dann im 19. Jahrhundert ein „Allegro vivace" eine Tempo-Steigerung gegenüber dem „Allegro".
Quantz setzt nun seine allgemeinen Tempo-Angaben fort:

> Im Zweiviertel – oder geschwinden Sechsachteltakt kommt in einem Allegro auf einen jeden Takt ein Pulsschlag.
> In einem Allegro im Zwölfachteltakt, wenn keine Sechzehntel vorkommen, treffen auf jeden Takt zwei Pulsschläge.
> Im Dreivierteltakt kann man, wenn das Stück allegro geht, und die Passagen darin aus Sechzehnteln oder eingeschwänzten Triolen bestehen, in einem Takt mit dem Pulsschlag kein gewisses Tempo festsetzen. Will man aber zwei Takte zusammen nehmen, so geht es an; und kommt alsdann auf das erste und dritte Viertel des ersten Takts und auf das zweite Viertel des anderen Takts auf jedes ein Pulsschlag, folglich drei Pulsschläge auf sechs Viertel. Gleiche Bewandnis hat es mit dem Neunachteltakt.

Im 55. Paragraphen bezieht sich Quantz auf die Frage des Tempos bei Wiederholungen und stellt fest:

> Es ist zur Genüge bekannt, daß, wenn ein Stück ein- oder mehrmal nacheinander wiederholt wird, absonderlich, wenn es ein geschwindes, z. B. ein Allegro aus einem Konzert oder einer Sinfonie ist, daß man dasselbe, um die Zuhörer nicht einzuschläfern, zum zweitenmal etwas geschwinder spielt als das erstemal. Geschähe dieses nicht, so würden die Zuhörer glauben, das Stück sei noch nicht zu Ende. Wird es aber in einem etwas geschwinderen Tempo wiederholt, so bekommt das Stück dadurch ein lebhafteres und sozusagen ein neues oder fremdes Ansehen, welches die Zuhörer in eine neue Aufmerksamkeit versetzt.

Auf Grund eines gewissen Gewöhnungseffekts erscheint dem Zuhörer eine im selben Tempo musizierte Wiederholung sogar eher etwas langsamer als beim erstenmal.
Hier möchte ich noch einmal unterstreichen, daß Quantzens Tempo-System uns heute nur eine gewisse Richtung weisen kann und viele Zwischenstufen offen läßt.
Den Beschluß dieses Tempo-Kapitels bilden die Angaben über die Tempi der verschiedenen französischen Tänze, die ja auch in der Musik von Bach, Händel und Telemann einen großen Raum einnehmen. Hier heißt es zunächst:

> 57. §.
> Wie nun auf die Richtigkeit des Zeitmaßes bei allen Arten der Musik viel ankommt: so muß dasselbe auch bei der Tanzmusik auf das genaueste beobachtet werden. Die Tänzer haben sich nicht nur mit dem Gehör, sondern auch mit ihren Füßen und Leibesbewegungen danach zu richten: und also ist

leicht zu erachten, wie unangenehm es ihnen fallen müsse, wenn das Orchester in einem Stück bald langsamer, bald geschwinder spielt. Sie müssen ihren ganzen Körper anstrengen, besonders, wenn sie sich in hohe Sprünge einlassen: die Billigkeit erfordert also, daß sich das Orchester, so viel als möglich ist, nach ihnen bequeme, welches auch leicht geschehen kann, wenn man nur dann und wann auf das Niederfallen der Füße Achtung gibt.

Das gilt wohl für Ballettaufführungen und für die Musik zum Tanzen, nicht aber für die konzertante Wiedergabe stilisierter Tänze in Partiten und Suiten der Kammer- und Orchestermusik. Johann Mattheson bemerkt hierzu am Beispiel der „Allemande": eine zum Tanzen und eine zum Spielen seien wie Himmel und Erde von einander unterschieden[38].

Über die Ausführung von punktierten Werten in den verschiedenen Tänzen erfahren wir im 58. Paragraphen (wobei mit den „Welschen" die Italiener im Gegensatz zu den Franzosen gemeint sind):

> Wenn die Welschen im geraden Takt durch das große C, so ihn andeutet, einen Strich machen, so zeigt solcher, wie bekannt, den Allabrevetakt an. Die Franzosen bedienen sich dieser Taktart zu verschiedenen Charakteren als: Bourréen, Entréen, Rigaudons, Gavotten, Rondeaus, usw. Sie schreiben aber anstatt des durchbrochenen C eine große 2, welche ebenfalls bedeutet, daß die Noten noch einmal so geschwind gespielt werden müssen als sonst. In dieser Taktart sowohl als im Dreivierteltakt, bei der Loure, Sarabande, Courante und Chaconne müssen die Achtel, so auf punktierte Viertel folgen, nicht nach ihrer eigentlichen Geltung, sondern sehr kurz und scharf gespielt werden. Die Note mit dem Punkt wird mit Nachdruck markiert und unter dem Punkt der Bogen abgesetzt. Ebenso verfährt man mit allen punktierten Noten, wenn es anders die Zeit leidet: und sofern nach einem Punkt oder einer Pause drei oder mehr dreigeschwänzte Noten folgen; so werden solche, vor allem in langsamen Stücken, nicht allemal nach ihrer Geltung, sondern am äußersten Ende der ihnen bestimmten Zeit und in der größten Geschwindigkeit gespielt, wie solches in Ouvertüren, Entréen und Furien öfters vorkommt. Es muß aber jede von diesen geschwinden Noten ihren besonderen Bogenstrich bekommen: und findet das Schleifen wenig statt.

Besonders zu beachten in diesem Absatz ist diejenige Regel, die sich auf die Ausführung punktierter Noten in den Grave-Teilen französischer Ouvertüren bezieht. Noten dieser Art sind also nicht, wie heute von so manchen auf Alte Musik spezialisierten Ensembles zu hören, nur kurz anzureißen, sondern erst „unter dem Punkte" abzusetzen; ja, diese Noten „muß man bis an den Punkt immer verstärken", wie Quantz im 17. Paragraphen des XIV. Hauptstücks im Zusammenhang mit dem „Grave" erläutert.

Und hier nun seine Angaben zu den Tempi der einzelnen Tanztypen:

> Die Entrée, die Loure, und die Courante werden prächtig gespielt, und der Bogen wird bei jedem Viertel, es sei mit oder ohne Punkt, abgesetzt. Auf jedes Viertel kommt ein Pulsschlag.
>
> Eine Sarabande hat eben dieselbe Bewegung, wird aber mit einem annehmlicheren Vortrag gespielt.
>
> Eine Chaconne wird gleichfalls prächtig gespielt. Ein Pulsschlag nimmt dabei zwei Viertel ein.
>
> Eine Passacaille ist der vorigen gleich, wird aber fast ein wenig geschwinder gespielt.
>
> Eine Musette wird sehr schmeichelnd vorgetragen. Auf jedes Viertel im Dreivierteltakt oder auf jedes Achtel im Dreiachteltakt kommt ein Pulsschlag. Bisweilen wird sie nach der Fantasie der Tänzer so geschwind gemacht, daß nur auf jeden Takt ein Pulsschlag kommt.
>
> Eine Furie wird mit viel Feuer gespielt. Auf zwei Viertel kommt ein Pulsschlag, es sei im geraden oder Dreivierteltakt, sofern im letzteren zweigeschwänzte Noten vorkommen.
>
> Eine Bourrée und ein Rigaudon werden lustig und mit einem kurzen und leichten Bogenstrich ausgeführt. Auf jeden Takt kommt ein Pulsschlag.

Eine Gavotte ist dem Rigaudon fast gleich, wird aber doch im Tempo etwas gemäßigt.

Ein Rondeau wird etwas gelassen gespielt, und kommt ungefähr auf zwei Viertel ein Pulsschlag, es sei im Alla breve- oder im Dreivierteltakt.

Die Gigue und Canarie haben einerlei Tempo. Wenn sie im Sechsachteltakt stehen, kommt auf jeden Takt ein Pulsschlag. Die Gigue wird mit einem kurzen und leichten Bogenstrich, die Canarie, welche immer aus punktierten Noten besteht, aber mit einem kurzen und scharfen Bogenstrich gespielt.

Ein Menuett spielt man hebend und markiere die Viertel mit einem etwas schweren, doch kurzen Bogenstrich; auf zwei Viertel kommt ein Pulsschlag.

Ein Passepied wird teils etwas leichter, teils etwas geschwinder gespielt als der vorige. Hierin geschieht es oft, daß zwei Takte in einem geschrieben und über die mittelste Note zwei Striche gesetzt werden, Tab. XXIII. Fig. 10, im zweiten Takt. Einige lassen diese zwei Takte von einander abgesondert und schreiben anstatt des Viertels mit den Strichen zwei Achtel mit einem darüber stehenden Bogen: den Taktstrich aber setzen sie dazwischen. Im Spielen werden diese Noten auf einerlei Art gemacht, nämlich, die zwei Viertel kurz und mit abgesetztem Bogen, und zwar in dem Tempo, als wenn es Dreivierteltakt wäre.

Ein Tambourin wird wie eine Bourrée oder Rigaudon gespielt, nur ein wenig geschwinder.

Ein Marsch wird ernsthaft gespielt. Wenn derselbe im Alla breve- oder Bourréentakt gesetzt ist, so kommen auf jeden Takt zwei Pulsschläge, usw.

Für uns heute sind diese Tempi außerordentlich schnell, ja, sie erscheinen uns teilweise als zu rasch. (Zähler im Menuett M.M. = 160, wie auch die punktierten Viertel in einer Gigue!) Das hat nun den einen oder anderen Alte-Musik-Spezialisten zu der Hypothese verleitet, daß Quantzens Pulsangaben nicht in vollen Werten, sondern im Sinne von Systole-Diastole nur halbiert zu lesen wären; aber allein schon aus seiner Erklärung der Trillergeschwindigkeit (S. 40) geht eindeutig hervor, daß er jeden Pulsschlag einzeln für sich gezählt haben will. – Die Tempi sind damals sowohl auf Grund des allgemeinen Zeitgeschmacks als auch im Zusammenhang mit der eher geringeren Klangstärke der Instrumente und angesichts der im allgemeinen kleineren Räume insgesamt flüssiger gewesen – eine Tatsache, die wir ja auch der „Tonotechnie" des Père Engramelle entnehmen können. Außerdem ist hierbei noch zu bedenken, daß es – um nur ein Beispiel zu nennen – sehr unterschiedliche Allegro-Typen gegeben hat, deren Tempi auch davon abhängen, ob hier Viertel, Duolen- oder Triolen-Achtel oder Sechzehntel vorkommen. Und schließlich versteht es sich für einen jeden guten Musiker von selbst, daß dieses an sich recht grobmaschige Regelsystem von Quantz auch in Anbetracht der allgemeinen wie ebenfalls der regionalen Vielfalt zahlreiche Modifikationen offenläßt.
Im Absatz über den Passepied beschreibt Quantz die rhythmische Verzierung der Hemiole, die in dieser Zeit fast in allen Stücken im Dreiertakt zu finden ist und die von allen Instrumenten (auch vom Basso continuo) klar und deutlich hingestellt werden sollte; sie besteht also in einer Umdeutung von zwei Dreiergruppen in drei Zweiergruppen.

Das XVIII. Hauptstück

Wie ein Musikus und eine Musik zu beurteilen sei

Hier ist im Rahmen unserer Untersuchung folgender Satz im 2. Paragraphen wieder besonders aufschlußreich, in dem Quantz noch einmal auf das damals alles durchdringende Prinzip der Ungleichheit hinweist, das sich sogar auch darauf beziehen kann, daß „in einer Versammlung nicht alle in gleicher Vollkommenheit" musizieren würden.

> Man erwägt nicht, daß die Annehmlichkeit der Musik nicht in der Gleichheit oder Ähnlichkeit, sondern in der Verschiedenheit bestehe.

Das heißt: im Gegensatz zum Kompositions- und Interpretationsstil des 19. Jahrhunderts herrscht in der Musik des Barockzeitalters grundsätzlich Ungleichheit vor – ein Prinzip, das sich sowohl im Großen, also in den Formen und in den Besetzungen, als auch im Kleinsten auswirkt und dabei auch Qualitätsunterschiede im Spielen und Singen mit einbezieht. Johann Mattheson fordert ausdrücklich im gleichen Sinne, „daß man sich der Abwechslung ... befleißige, weil nichts in der Welt so nach der Veränderung schnappt als eben die Musik, darum man das Changement wohl ohne großes Unrecht ihr Element nennen möchte"[39]. Und es ist höchst aufschlußreich, sich hierbei noch einmal klarzumachen, daß sich der Wandel vom musikalischen Prinzip der Ungleichheit zu dem der Gleichheit in demselben Zeitraum vollzog, als die französische Revolution von 1789 die politischen Ideale der Freiheit, Brüderlichkeit und ebenfalls gerade auch der Gleichheit auf ihre Fahnen geschrieben hatte.

Hier haben wir einen anschaulichen Hinweis auf die Tatsache vor uns, daß es gerade der Musik im besonderen gegeben ist, Grundströmungen im Leben der Menschen widerzuspiegeln – Grundströmungen, die als große Ideen eine Epoche entscheidend bestimmen und die sich zur gleichen Zeit auf den verschiedensten Gebieten auswirken können.

Die Vorstellung von der Gleichheit der Taktzähler wie auch der einzelnen Töne im Sinne des 19. Jahrhunderts beherrscht auch heute noch vielfach die Wiedergabe älterer Musik. Es ist eine nicht ganz leichte, aber durchaus lohnende Aufgabe zu versuchen, demgegenüber das damalige Prinzip der Ungleichheit in heute musikalisch überzeugender Weise wieder stärker mit einzubeziehen.

Hierbei wird es wichtig sein, das Maß dieser Ungleichheit bis zu einem gewissen Grade auf unsere, inzwischen stärker vom Prinzip der Gleichheit geprägten Vorstellungen abzustimmen: es würde bedeuten, die so ausdruckskräftige Musiksprache der Vergangenheit künstlich ihrer auch noch heute höchst lebendigen Wirksamkeit zu berauben, wollte man alle für die damalige Zeit gültigen Regeln uneingeschränkt auf unsere jetzigen Verhältnisse übertragen. Auch hier ist Quantz wieder unser Zeuge, der um den notwendigen natürlichen Wandel des Kompositions- und des Interpretationsstils im Laufe der Entwicklung wußte – ein Wandel, der sich ebenfalls auf die Wiedergabe der Musik vergangener Zeiten bezieht.

Lassen Sie mich Ihnen allen, meine Leser, zum Schluß noch Folgendes ans Herz legen: wenn es Ihnen beim Musizieren von Werken des Barockzeitalters gelingt, die für Sie in Ihrem jetzigen Lebensabschnitt gültige Verbindung von Ihrem eigenen

Empfinden mit den hier aufgewiesenen Prinzipien zu erreichen, dann wird sich diese Ihre Art und Weise der Wiedergabe als ebenso natürlich, lebendig und überzeugend erweisen, wie sie auch der Grundeinstellung von Johann Joachim Quantz entspricht, die er vor mehr als zweihundert Jahren in seinem „Versuch einer Anweisung die Flöte traversiere zu spielen" niedergelegt hat.

Anmerkungen

[1] Faksimile-Druck (Hans-Peter Schmitz), Kassel 1953 ff. – On Playing the Flute (Edward R. Reilly), London 1966.

[2] Berlin 1753/62. – Faksimile-Druck (Lothar Hoffmann-Erbrecht), Wiesbaden 1981. – Essai on the True Art of Playing Keybord Instruments (W. J. Mitchell), New York 1949.

[3] Augsburg 1756. – Faksimile-Druck (H. R. Jung), Leipzig 1968. – A Treatise on the Fundamental Principles of Violin Playing (Knocker/Einstein), London 1948.

[4] Berlin 1757. – Faksimile-Druck (Erwin J. Jacobi), Celle 1966.

[5] (Winfried Michel/Hermien Teske), Winterthur 1978.

[6] Kurze Abhandlung vom Flötenspielen, Leipzig 1786. – Ausführlicher und gründlicher Unterricht, die Flöte zu spielen, Leipzig 1791; Faksimile Amsterdam 1973.

[7] Ausführliche Autobiographie in: F. W. Marpurg, Historisch-kritische Beyträge zur Aufnahme der Musik, I. Band, 3. Stück, Berlin 1755. – Faksimile-Druck in: Willi Kahl, Selbstbiographien deutscher Musiker, Köln 1948.

[8] (F. W. Marpurg), Legende einiger Musikheiligen, Köln 1786, S. 67 ff. – Faksimile-Druck, Leipzig 1977.

[9] (G.B. Volz), Friedrich der Große und Wilhelmine von Bayreuth, II. Band, Leipzig 1926, S. 388.

[10] Paris 1707. – Faksimile-Druck mit deutscher Übersetzung (Hans Joachim Hellwig), Kassel 1941.

[11] Querflöte und Querflötenspiel in Deutschland während des Barockzeitalters, Kassel 2/1958 (unwesentlich veränderte Dissertation von 1941).

[12] In: Encyclopédie de la Musique (Lavignac), Paris 1937, II. Partie, S. 1519.

[13] Ideen zu einer Ästhetik der Tonkunst, Wien 1806. – Neudruck (Paul A. Merbach), Leipzig 1924.

[14] Walter Kolneder, Aufführungspraxis bei Vivaldi, Leipzig 1955, S. 76.

[15] Siehe Anm. 2, S. 111.

[16] Vgl. Hans-Peter Schmitz, Die Tontechnik des Père Engramelle, Kassel 1953, S. 13.

[17] Rasche, häufig repetierte Zweiergruppen mit „Te" als Zweiunddreißigstel-Auftakt und „Re" als punktierte (betonte) Sechzehntel-Note in einer Etüde in: Taffanel-Gaubert, Méthode de Flûte, Paris 1923, S. 141.

[18] Vgl. hierzu Anm. 16.

[19] Méthode de Flûte théorique et pratique, Paris 1794.

[20] Dieses besonders lehrreiche Beispiel habe ich in meiner „Flötenlehre", Teil I, Kassel 11/1984 (japanische Ausgabe: Tokio 3/1983), als Nr. 99 auf drei Systeme verteilt wiedergegeben.

[21] Siehe Anm. 4, S. 131.

[22] Siehe Anm. 2, S. 68.

[23] Siehe Anm. 1, S. 109.

[24] Berlin 1951; japanische Ausgabe: Tokio 2/1985.

[25] Siehe Anm. 4, S. 48.

[26] Défense de la Basse de Viole ..., Amsterdam 1740. Deutsche Übersetzung (Albert Erhard), Kassel 1951, S. 51.

[27] Siehe Anm. 3, S. 102.

[28] Kassel 1958; japanische Ausgabe: Tokio 1977.

[29] Kassel 4/1983; japanische Ausgabe: Tokio 1975.

[30] Op. 138, Leipzig (o. J.).

[31] Quantz: „ganz schwach, schwach, stärker, stark, wachsend, abnehmend" –
hier: pp, p, mp, f, crescendo, decrescendo. –
Dieses Adagio findet der Leser mit ausgesetztem Baß im Anhang meiner Schrift „Prinzipien der Aufführungspraxis Alter Musik, Berlin 1950; japanische Ausgabe: Tokio 2/1985.

[32] Vgl. Georg Philipp Telemann, Musikalische Werke, Kassel 1944 ff. – Als instruktive Beispiele für willkürliche Veränderungen von Arien wie auch für Sänger-Kadenzen kann ich sehr empfehlen: Johann Adam Hiller, Anweisung zum musikalisch-zierlichen Gesang, Leipzig 1780; Faksimile-Druck (Bernd Baselt), Leipzig 1976.

[33] Celle – New York 1961.

[34] New York 1978.

[35] Vgl. die entsprechenden Bände von: Wolfgang Amadeus Mozart, Neue Ausgabe sämtlicher Werke, Kassel 1955 ff.

[36] Das Neu-eröffnete Orchestre, Hamburg 1713, Register.

[37] Harmonie Universelle, Paris 1736 ff., II., S. 138.

[38] Das beschützte Orchestre, Hamburg 1717, S. 138.

[39] Das Neu-eröffnete Orchestre, Hamburg 1713, S. 106.

Namen und Sachen